O que é Budismo?

SÉRIE PANORAMA DAS CIÊNCIAS DA RELIGIÃO

O que é Budismo?

2ª edição

Geraldo Peçanha de Almeida

Rua Clara Vendramin, 58 | Mossunguê | CEP 81200-170 | Curitiba | PR | Brasil
Fone: (41) 2106-4170 | www.intersaberes.com | editora@intersaberes.com

Conselho editorial Dr. Alexandre Coutinho Pagliarini | Dr.ª Elena Godoy | Dr. Neri dos Santos | M.ª Maria Lúcia Prado Sabatella ∥ *Editora-chefe* Lindsay Azambuja ∥ *Gerente editorial* Ariadne Nunes Wenger ∥ *Assistente editorial* Daniela Viroli Pereira Pinto ∥ *Edição de texto* Natasha Saboredo ∥ *Capa e projeto gráfico* Sílvio Gabriel Spannenberg (*design*) | Ihnatovich Maruja e robert_s/Shutterstock (imagens) ∥ *Diagramação* Carolina Perazzoli ∥ *Designer responsável* Sílvio Gabriel Spannenberg ∥ *Iconografia* Maria Elisa de Carvalho Sonda | Regina Claudia Cruz Prestes

Dados Internacionais de Catalogação na Publicação (CIP)
(Câmara Brasileira do Livro, SP, Brasil)

Almeida, Geraldo Peçanha de
   O que é budismo? / Geraldo Peçanha de Almeida. -- 2. ed. -- Curitiba, PR : Intersaberes, 2024. -- (Série panorama das ciências da religião)

   Bibliografia.
   ISBN 978-85-227-1289-2

   1. Budismo I. Título. II. Série.

24-188954   CDD-294.3

Índices para catálogo sistemático :
1. Budismo   294.3

Tábata Alves da Silva – Bibliotecária – CRB-8/9253

1ª edição, 2019.
2ª edição, 2024.
Foi feito o depósito legal.
Informamos que é de inteira responsabilidade do autor a emissão de conceitos.
Nenhuma parte desta publicação poderá ser reproduzida por qualquer meio ou forma sem a prévia autorização da Editora InterSaberes.
A violação dos direitos autorais é crime estabelecido na Lei n. 9.610/1998 e punido pelo art. 184 do Código Penal.

SUMÁRIO

8 | Apresentação
10 | Como aproveitar ao máximo este livro

14 | **1 Origem e princípios do Budismo**
14 | 1.1 Buda
16 | 1.2 Sidarta Gautama
34 | 1.3 Escrituras budistas
38 | 1.4 Budismo: religião ou filosofia?

48 | **2 Ensinamentos de Buda**
48 | 2.1 As quatro nobres verdades
65 | 2.2 O nobre caminho óctuplo: caminho do meio
73 | 2.3 Compaixão por todos os seres
78 | 2.4 Interdependência de todas as coisas
81 | 2.5 Os cinco agregados
85 | 2.6 Carma
90 | 2.7 Renascimento
92 | 2.8 A originação interdependente: os 12 elos
98 | 2.9 Nirvana
100 | 2.10 Sanga
102 | 2.11 Principais escolas do Budismo

111 | **3 A meditação e o Budismo**
111 | 3.1 O que é meditação?
115 | 3.2 Posturas corretas para meditação
122 | 3.3 Meditação *zen*
123 | 3.4 *Vipassana*: plena atenção aos detalhes
125 | 3.5 **Mettabhavana**: a meditação do amor universal
126 | 3.6 Meditação de *snamata* com foco nos cinco *lungs*
128 | 3.7 Budismo e *yoga*

136 | Considerações finais
138 | Referências
141 | Bibliografia comentada
142 | Respostas
143 | Sobre o autor

Àqueles que ainda se
descobrirão budas do passado,
do presente e do futuro.

APRESENTAÇÃO

É muito provável que você já tenha conhecimento a respeito de algumas crenças, sobre um deus ou aquilo a que se atribui divindade ou se considera um deus. No Budismo, essas perspectivas ganham uma nova dimensão. Vamos explicar melhor: normalmente, umas das primeiras perguntas que um budista ouve é "Você acredita em Deus?", porque, no imaginário de grande parte das pessoas, Budismo e Deus parecem conceitos diferentes. No senso comum, as pessoas costumam entender que budistas não acreditam em Deus, pelo menos da forma concebida pelos cristãos. É também muito comum que grande parte das pessoas tenham ideias preconcebidas acerca dos budistas ou do Budismo, tais como "budismo não é religião, é filosofia de vida", "budistas não comem carne", "budistas não matam animais", "budistas têm paciência muito grande".

A maioria dessas ideias de senso comum sobre o Budismo chega à sociedade, de modo geral, por meio de filmes ou de outros elementos da cultura de massa, que criam estereótipos. Não é raro que as pessoas vejam os monges em seus hábitos de cor sólida e atribuam a todos os budistas as mesmas características daqueles homens consagrados, que se dedicam aos ensinamentos do Budismo.

Mas, afinal, o que é o Budismo? É uma religião, uma filosofia? É um estilo de vida? Ou será que é tudo isso junto? Neste livro, vamos responder a todas essas perguntas e, ainda, tentar quebrar esses estereótipos e mostrar a você o quanto o Budismo está impregnado tanto na vida ocidental como na vida oriental.

No Capítulo 1, abordamos a origem do Budismo, o contexto histórico em que ele surgiu e quem foi Sidarta Gautama – como viveu, como morreu e quais foram as principais passagens de sua vida. Além disso, explicamos mais detalhadamente alguns dos termos mais frequentes no estudo do Budismo e que são fundamentais para entendê-lo.

No Capítulo 2, analisamos os principais ensinamentos de Buda. Vale ressaltar que há inúmeras histórias sobre esses preceitos, que somam cerca de 84 mil e são a base de qualquer tradição budista no mundo inteiro, com grande multiplicidade de vertentes. Aqui, selecionamos os ensinamentos que consideramos essenciais tanto para quem inicia os estudos budistas quanto para quem pretende se aprofundar no assunto: as quatro nobres verdades, o nobre caminho óctuplo, a interdependência entre todas as coisas, a compaixão universal, o carma[1], o renascimento, o Nirvana. Para finalizar o capítulo, evidenciaremos as principais escolas budistas.

No Capítulo 3, tratamos das práticas de meditação relacionadas ao Budismo. Isso porque, embora todas estejam voltadas para um único centro, existem diferenças pontuais entre elas. Dessa forma, destacamos, desde já, que nem toda meditação budista é igual.

---

1   Grande parte dos dicionários de língua portuguesa prevê a grafia *carma*, mas também é possível encontrar as grafias *kharma* e *karma*.

COMO APROVEITAR AO MÁXIMO ESTE LIVRO

Empregamos nesta obra recursos que visam enriquecer seu aprendizado, facilitar a compreensão dos conteúdos e tornar a leitura mais dinâmica. Conheça a seguir cada uma dessas ferramentas e saiba como estão distribuídas no decorrer deste livro para bem aproveitá-las.

Introdução do capítulo
Logo na abertura do capítulo, informamos os temas de estudo e os objetivos de aprendizagem que serão nele abrangidos, fazendo considerações preliminares sobre as temáticas em foco.

Dicionário
Nesta seção, o autor define, de maneira sintetizada, alguns termos que são essenciais para que você compreenda o assunto tratado ou, ainda, termos extras, relacionados aos temas do capítulo.

Preste atenção!
Apresentamos informações complementares a respeito do assunto que está sendo tratado.

Importante!
Algumas das informações centrais para a compreensão da obra aparecem nesta seção. Aproveite para refletir sobre os conteúdos apresentados.

Síntese
Ao final de cada capítulo, relacionamos as principais informações nele abordadas a fim de que você avalie as conclusões a que chegou, confirmando-as ou redefinindo-as.

Indicações culturais
Para ampliar seu repertório, indicamos conteúdos de diferentes naturezas que ensejam a reflexão sobre os assuntos estudados e contribuem para seu processo de aprendizagem.

Luz, câmera, reflexão
Esta é uma pausa para a cultura e a reflexão. A temática, o enredo, a ambientação ou as escolhas estéticas dos filmes que indicamos nesta seção permitem ampliar as discussões desenvolvidas ao longo do capítulo.

Atividades de autoavaliação
Apresentamos estas questões objetivas para que você verifique o grau de assimilação dos conceitos examinados, motivando-se a progredir em seus estudos.

Atividades de aprendizagem

Aqui apresentamos questões que aproximam conhecimentos teóricos e práticos a fim de que você analise criticamente determinado assunto.

ATIVIDADES DE APRENDIZAGEM

Questões para reflexão
1. O que é o Budismo para você? Uma filosofia? U[ma religião?] Ambos? Por quê?
2. O que significa, para você, descobrir as verdadeir[as causas do] sofrimento? E quais são os benefícios dessa desc[oberta?]

Atividade aplicada: prática
1. Pesquise um sutra com um dos ensinamentos de [Buda sobre um] tema que lhe aprouver e coloque em prática esse [ensinamento] por 15 dias. Registre as dificuldades com as qua[is se deparou,] parou e as realizações que obteve.

Bibliografia comentada

Nesta seção, comentamos algumas obras de referência para o estudo dos temas examinados ao longo do livro.

BIBLIOGRAFIA COMENTADA

BURGOS, E. **O Buda nos jardins de Jetavana**. Porto [Alegre:] Bodigaya, 1996.
Foi nos jardins de Jetavana, antiga cidade de Sravasti, [na Índia, que] Buda passou anos transmitindo e explicando muitos de s[eus ensi-] namentos às multidões que o visitavam. Nessa obra, Eni[o Burgos] faz uma seleção de alguns dos mais importantes ensina[mentos] de Buda sobre temas como ética, paciência, energia, me[ditação,] sabedoria e generosidade. São narrativas por meio das q[uais, de] modo sutil e espiritualizado, Buda nos legou histórias c[om ensi-] namentos e significados profundos.

GYATSO, G. K. **Budismo moderno**: o caminho de comp[aixão e] sabedoria. 3. ed. São Paulo: Tharpa, 2016.

ORIGEM E PRINCÍPIOS DO BUDISMO

Neste capítulo, abordaremos algumas questões prévias que servirão de base para a melhor compreensão do Budismo, como a nomenclatura *Buaa*, o contexto histórico no qual o Budismo nasceu e a trajetória de Sidarta Gautama[1]. Você perceberá que, à medida que desenvolvermos o texto, explicaremos alguns dos termos mais frequentes no estudo do Budismo e que são fundamentais para entendê-lo.

1.1 Buda

Provavelmente, você já ouviu falar em Buda, com letra maiúscula, como um nome, algo que poderia ser considerado de maneira análoga ao que é um santo para o catolicismo. No entanto, essa equivalência é errônea. Buda não é um nome, mas uma função, é simplesmente um título dado àquele que atingiu a iluminação, ou seja, Buda é todo homem ou mulher cuja prática de vida levou ao reconhecimento da verdadeira natureza da mente. É aquele indivíduo que chegou à percepção de que todos nós vivemos em um mundo de sofrimento e que todo sofrimento é também uma escolha. Nesse sentido, podemos dizer que Buda é quem torna o que seria o sofrimento em prática de serenidade, lucidez, amor e compaixão.

---

[1] Também é possível encontrar a grafia *Siddhartha Gautama* para o mesmo nome.

Dessa forma, quando se afirma "Ele é um Buda", quer-se dizer: "Ele atingiu a iluminação, o Nirvana".

> ### Dicionário
>
> **Bodi**: denomina-se *bodai* (*bodai*, em japonês, e *bodhi*, em sânscrito) a sabedoria da Iluminação de Buda, que pode ser adquirida quando cortamos os chamados *dois obstáculos* (paixão e conceitos ilusórios). O termo *bodai* é geralmente traduzido apenas como "sabedoria".
>
> **Bodisatva**: alguém que pratica os ensinamentos de Buda tanto na vida secular quanto na religiosa. Faz o voto pleno de compaixão de salvar todos os seres antes de realizar sua própria e completa iluminação. Um bodisatva da mais alta realização é destinado a nascer como um Buda em sua vida seguinte. Há muitos bodisatvas no Budismo, e os mais conhecidos no *zen* Budismo são Kannon (Bodisatva da Compaixão e Protetor da Terra e das Crianças), Manjusri (Bodisatva da Sabedoria) e Fugen (Bodisatva da Prática Constante).
>
> **Nirvana**: o "termo tem origem no sânscrito, podendo ser traduzido por 'extinção' no sentido de 'cessação do sofrimento'" (Significados, 2019). Portanto, literalmente o significado da palavra é "extinção" e, originalmente, referia-se ao estado de iluminação obtido por Buda Xaquiamuni – estado de grande paz e tranquilidade sábias, que pode ser alcançado com a extinção das ilusões e delusões (ignorância) e da união com a verdade (transcendência da dualidade). Também é um termo usado para designar a morte de alguém. Por exemplo, não se fala em morte de Buda, mas na sua entrada em Nirvana (o Grande Nirvana Final) – *Nehan*, em língua japonesa.
>
> **Sutra**: um dos *tripitaka* (cânone budista). São diálogos e ensinamentos do Mestre Original Buda Xaquiamuni. A palavra literalmente significa "um fio que perpassa as joias, unindo-as". Na tradição *teravada*, constitui apenas o Cânone páli, com os ensinamentos

orais de Buda. Na tradição *mahayana*, representa os ensinamentos de Buda de maneira geral. Os sutras mais usados pela tradição *soto shu* são: Sutra da Grande Sabedoria Completa (*Maka Hannya Haramita*), Sutra do Diamante (*Kongo Kyo*), Sutra da Flor de Lótus da Lei Maravilhosa (*Myo Ho Ren Gue Kyo*) e Sutra da Plataforma do Sexto Ancestral, atribuído ao Sexto Ancestral da China, Daikan Eno (*Hui-neng*).

Zen: é normalmente um termo traduzido como "meditação", mas pode ser entendido como a prática da concentração na qual o processo de reflexão intelectual é diminuído e o estado de consciência é elevado pela exclusão de pensamentos extras, chegando-se ao plano do pensamento puro.

Em sentido amplo, é possível usar a palavra *Buda* para referir-se ao Buda principal, o Buda da Luz Infinita, fundador histórico do Budismo, nascido Sidarta Gautama – sobre quem estudaremos mais profundamente na seção a seguir – ou, ainda, adotá-la para fazer alusão a qualquer pessoa que tenha chegado à iluminação.

1.2 Sidarta Gautama

Primeiramente, vamos entender o contexto histórico no qual Sidarta Gautama, o Buda, fundou o Budismo.

> Há 3.000 anos começaram a se formar as principais filosofias e religiões que organizaram as visões de mundo do homem contemporâneo. Alguns filósofos, como o alemão Karl Jaspers, dão a essa época o nome de Era Axial. Axial diz respeito a eixo. Foi, portanto, quando o homem começou a buscar o seu eixo. Ou, segundo Jaspers, quando passamos a prestar atenção em nós mesmos. A Era Axial estende-se entre os séculos VIII e II a.C. "Nessa época, as pessoas discutiam sobre espiritualidade com o mesmo

entusiasmo com que hoje se discute futebol", diz a escritora inglesa Karen Armstrong, uma das mais respeitadas estudiosas de religião, autora de best-sellers como Maomé e Buda. Os historiadores ainda não sabem o que causou esse despertar para a religião e para a filosofia, nem por que ele se concentrou na China, no Mediterrâneo Oriental, na Índia e no Irã. Acredita-se que com as sociedades agrícolas, mais estáveis, o homem ganhou tempo extra para dedicar-se à contemplação.

O certo é que todos os sábios desse período parecem seguir um caminho comum quando conclamam seus contemporâneos a radicais mudanças em suas vidas. Do século VIII ao VI a.C. os profetas de Israel reformaram o antigo paganismo hebreu. Na China dos séculos VI e V a.C., Confúcio e Lao-Tsé chacoalhavam as velhas tradições religiosas. Na Pérsia, o monoteísmo desenvolvido por Zoroastro expandiu-se e influenciou outras religiões. No século V a.C., Sócrates e Platão encorajavam os gregos a questionar até mesmo as verdades que pareciam mais evidentes. Tudo acontecendo mais ou menos junto. E é bem no meio dessa era, no século VI a.C., que surge o criador do Budismo, uma das mais influentes religiões do mundo, hoje com quase 400 milhões de adeptos.

No caldo da primeira Era Axial, a Índia também passou por grandes transformações. Sua cultura foi dominada pelos arianos, antigos povos nômades que teriam migrado da Ásia Central 4000 anos antes. A sociedade ariana dividia-se em castas: brahmins, os sacerdotes; ksatriyas, os guerreiros e governantes; vaisyas, os camponeses e criadores de gado; e sudras, os escravos ou marginais. O que determina a inclusão em uma dessas classes é a hereditariedade – ou seja, somente aquele que nasceu de mãe da casta bramânica podia realizar rituais e curas. Para os brâmanes, a essência do universo está em Brahman, deus primordial que se expressa em uma infinidade de outras deidades. Sua rígida espiritualidade é expressa nas escrituras sagradas conhecidas como Vedas. Na Índia dessa época, os sacerdotes tinham uma espécie de reserva de mercado. E, assim como acontecia em outras regiões, surgiu uma revolta contra esses sacerdotes e seus rituais – que incluíam sangrentos sacrifícios de animais.

Mas novos movimentos reinterpretavam as antigas tradições, procurando afastar-se desses rituais e buscar outro tipo de sacrifício, mais interno, de renúncia às coisas do mundo – aquela atenção a si mesmo descrita por Jaspers.

É nessa Índia em ebulição espiritual que surge Sidarta Gautama, o Buda [...]. (Paula, 2002)

Também chamado de "Aquele que sabe e diz a verdade" e "Aquele que despertou", Sidarta é considerado o ser humano mais brilhante e também o fundador do Budismo, no século VI a.C.

Preste atenção!

Até aqui, usamos várias expressões diferentes, entre aspas, para descrever Buda. Isso porque as pessoas que conviveram com o príncipe Sidarta, em sua época, sempre tinham descrições para se referir a ele, e muitas delas perduraram ao longo do tempo. Assim, quando você encontrar expressões como "O honrado pelo mundo", "Aquele que se despertou", "Aquele que sabe a verdade" e assim por diante, tenha em mente que estamos nos referindo ao próprio Buda. Como você já sabe, Buda não é mesmo um nome, mas uma função, e essas frases descrevem o significado amplo dessa função.

O príncipe Sidarta, da dinastia Sakia, nasceu há cerca de 2.600 anos, em Lumbini, região localizada nas planícies de Terai, no norte da Índia – território que hoje pertence ao Nepal. Sua mãe, a rainha Maya, morreu sete dias após o parto.

> Sidarta é um nome sânscrito que significa "um ser que atingiu um objetivo" e Gautama é um nome de família. Seu pai, o rei Sudodana, era o líder de um grande clã chamado Shakya (ou Sakya). Mas não é claro, desde os primeiros textos, se ele era um rei hereditário ou mais de um chefe tribal. Além disso, também é possível que ele tenha sido eleito para esse status.
>
> Sudodana casou-se com duas irmãs, Maya e Pajapati Gotami. Dizem-se que são princesas de outro clã, o Koliya, que hoje é o norte da Índia. Maya era a mãe de Sidarta e ele era seu único filho, morrendo pouco depois do seu nascimento. Portanto, Pajapati, que mais tarde se tornou a primeira freira budista, criou o Sidarta. Por todas as contas, o Príncipe Sidarta e sua família eram da casta Kshatriya de guerreiros e nobres.
>
> Entre os parentes mais conhecidos de Sidarta, havia seu primo Ananda, o filho do irmão de seu pai. Assim, Ananda mais tarde se tornaria o discípulo do Buda e assistente pessoal. Ele teria sido consideravelmente mais novo do que Sidarta. (Megacuriosidades, 2017)

Acredita-se que o reino de Sakia era pequeno e, por isso, estava sempre sob ameaça de outros povos mais numerosos. O rei esperava que, na idade apropriada, o príncipe Sidarta se unisse à força de defesa do reino, mas logo cedo ele demonstrou uma inquietação acerca de questões ligadas à espiritualidade, à filosofia e à vida.

FIGURA 1.1 – Estátua representando a rainha Maya, mãe do histórico Sidarta Gautama (Buda), no Templo de Swayabhunath, Catmandu, Nepal

Na época, o que se esperava de um príncipe era que assumisse um papel político e de comando nas guerras, bastante diferente da tendência à meditação que o príncipe apresentava.

> Uma meditação do príncipe Sidarta anuncia a concepção da vida que terá depois. Um dia, enquanto seu pai estava ocupado com a cerimônia do ritual da primavera, o jovem príncipe observava

pequeninos e delicados pássaros disputando os vermes e insetos que apareciam numa charrua. O príncipe espantou-se, a princípio, como aqueles pássaros, considerados pelos homens como símbolos da realização espiritual, cujo canto está ao nível dos poetas, podiam ser cruéis e mesquinhos para com outras espécies de animais menores, como os mais ferozes animais. Assim, ainda na infância, o jovem príncipe viu que os pássaros são obrigados a comer para viver e que para tal são obrigados a disputar o alimento com outros. Assim é a natureza; desta generalização extraímos uma lei universal. Pois não somente a natureza é indiferente ao sofrimento e à crueldade como é ela mesma quem impõe estas condições a todos os seres vivos, se eles querem subsistir. Magoar ou padecer, ou fazer magoar e padecer – tal é a lei da vida. [...]

Aos 16 anos, de acordo com os costumes da época, casou-se com Gopa Yasodhara. Os anos passavam-se alegres e descuidados, até que um dia Sidarta viu um mendigo, um velho, um moribundo e um morto. Este encontro, que o comum dos homens aceita como fato consumado, para o príncipe Sidarta despertou no seu interior uma profunda reflexão sobre a realidade da vida e o sofrimento da humanidade e, não se conformando, resolveu procurar a porta de saída desse sofrimento universal. (Silva; Homenko, 2001, p. 8)

IMPORTANTE!
No Budismo, a meditação é considerada uma oração, uma forma de prece que abre espaços na mente e conecta o ser a si próprio. É a prática que traz o Buda à tona.

Em algumas escrituras antigas e também em trechos de ensinamentos budistas chamados *Darma*, conta-se que, certo dia, o jovem príncipe resolveu atravessar a cidade logo após ter saído do castelo, com a intenção de descobrir o que havia além dos muros da fortaleza na qual vivia (Hanh, 1998).

FIGURA 1.2 – Estátua do Templo Wat Pho, em Bangkok, Tailândia, representando Sidarta Gautama em meditação

Ao fazer isso, Sidarta se deparou com pessoas velhas e doentes, famintos, entre outros sofrimentos terrenos. A visão da miséria fez com que o príncipe entrasse em profunda crise existencial e, então, aos 29 anos de idade, ele deixou o palácio, abandonou o título de rei que receberia futuramente, deixou sua mulher e seu filho e saiu em busca de si mesmo.

O jovem Sidarta afastou-se da vida de luxos e prazeres que lhe era garantida para procurar a origem da verdadeira felicidade e, sobretudo, a razão de tanto sofrimento.

Sidarta foi viver em uma floresta e conheceu um monge que vivia de esmolas, junto a um grupo de brâmanes (sacerdotes da religião hindu), e ficou encantado com o fato de que todos eles, monge e brâmanes, tinham olhares serenos e atitudes compassivas e amorosas na vida. O grupo de brâmanes era dedicado a uma vida ascética, isto é, feita de orações, privações, muita disciplina e mortificações. Embora tudo isso fosse novo para o jovem príncipe, ele entendeu que essa seria uma via para descobrir qual era o sentido da vida.

Dicionário

Daikan: Sexto Ancestral do Darma da China, Daikan Eno (638-713), foi um lenhador pobre que se tornou monge ao ouvir a recitação do Sutra do Diamante e acabou sendo o sucessor do Darma do Abade de um grande mosteiro. Ligado à escola chinesa de "Iluminação Súbita".

Daiosho: Grande Osho, Grande Monge ou Grande Monja. Título de monges e monjas que já tiveram um discípulo monge ou monja que tenha passado pela Cerimônia de *Snuso Hossen* (Combate do Darma do Chefe dos Noviços). Geralmente conferido aos que se tornam responsáveis por algum templo oficial da tradição *soto snu*.

Daishi: Grande Mestre. Título honorífico dado aos monges e monjas. Nome dado a Xaquiamuni Buda.

Darma[2]: quando se escreve *Darma*, com inicial maiúscula, refere-se à Lei Verdadeira, ou seja, aos ensinamentos de Buda Xaquiamuni (Sidarta Gautama). Quando *darma* é grafado com letra inicial minúscula, referere-se a tudo o que existe. A etimologia dessa palavra

---
2   Também é possível encontrar a grafia *Dharma*.

está relacionada com aquilo que sempre mantém certo caráter ao longo do tempo e, por isso, torna-se um modelo.

Mortificação: mortificar-se é castigar o corpo com jejuns, provocar o próprio sofrimento físico e mental, torturar-se como meio de inibir certos desejos.

Sidarta conviveu, por seis anos, com esse monge e com esse grupo de brâmanes para aprender suas primeiras lições sobre a iluminação, a compaixão e o amor absoluto.

Preste atenção!

De acordo com Velasco (1995), alguns estudiosos defendem que os brâmanes eram religiosos da Índia, conhecedores dos assuntos religiosos hindus, que se espalharam por todo o subcontinente, dividindo-se em várias seitas. Culturalmente, a maioria dos brâmanes é conhecida por praticar um vegetarianismo rígido, apesar de, atualmente, a prática variar de acordo com a região em que o grupo está estabelecido. Atualmente, a dominância tradicional dos brâmanes nos assuntos religiosos e administrativos na política indiana tem sido a causa de fissuras sociais profundas na sociedade indiana.

No entanto, todas as privações impostas pelo modo de vida dos brâmanes fizeram com que o jovem Sidarta questionasse sua escolha.

> Tendo chegado ao último grau de esgotamento, quase morrendo de fome, sentindo-se às portas da morte, verificou que os sacrifícios não extinguem o desejo, que o conhecimento não se obtém com um organismo enfraquecido, que o sofrimento físico perturba a mente, incapacitando-a de manter a tranquilidade necessária à meditação. [...] decidiu voltar a um modo de vida mais natural e seguir

seu próprio caminho. As circunstâncias compeliram-no a pensar por si mesmo e a procurar dentro do seu próprio ser a solução almejada que não podia alcançar através dos seus instrutores. Sem ajuda ou orientação de qualquer poder sobrenatural, confiando apenas em seus próprios esforços e intuição, libertou-se de todas as fraquezas, aprimorou o processo de percepção, passou a ver as coisas como elas realmente são por seu próprio conhecimento intuitivo. Assim, finalmente compreendeu a Verdade, a natureza da vida e do Carma que a rege. (Silva; Homenko, 2001, p. 8-9)

Ele, que tinha uma vida de fartura e prazeres ininterruptos na corte de seu pai, agora experienciava uma vida de privações, dores e muita mortificação. Foi pensando nisso que O honrado pelo mundo descobriu que uma vida em plena felicidade deveria ser aquela cujo **caminho do meio** é o caminho correto e, assim, nasceu uma das mais importantes máximas do Budismo.

Importante!

Adiante, abordaremos mais profundamente o *caminho do meio*. Agora, para compreender a vida de Sidarta Gautama, é importante que você saiba que esse é um dos mais importantes ensinamentos budistas. Nele, Buda prega que devemos evitar uma vida nos extremos, seja na morosidade ou na procrastinação, seja na ansiedade ou na euforia e na pressa. O caminho do meio é o equilíbrio, são os passos necessários para se chegar ao Nirvana.

Sozinho novamente, Sidarta partiu para o mundo na busca de autoconhecimento. Diz a lenda da origem de Buda que ele se sentou sob a sombra de uma árvore *Boani* e ali conheceu a verdade, respondeu às suas dúvidas e alcançou o sucesso que buscava em sua empreitada.

A **árvore Bodhi** é uma espécie de figueira sagrada (*Ficus religiosa*) e se encontra no local onde atualmente é a cidade de Bodh Gaya. Na tradição maaiana, Maya, enquanto descansava no jardim de Lumbini, segurava um ramo dessa árvore quando deu à luz seu filho Sidarta.

FIGURA 1.3 – Figueira sagrada (*Ficus religiosa*)

Sentado sob uma árvore dessa espécie, em meditação, Sidarta Gautama ficou iluminado e foi questionado pelo demônio (chamado, no Budismo, de *Mara*, representado sempre por uma cobra naja em ilustrações budistas antigas).

Em tradições budistas mais antigas, alguns escritos sugerem que Sidarta foi tentado por Mara (Velasco, 1995), afirmando até que ela ofereceu a Sidarta o Nirvana, que é o estado permanente e definitivo de beatitude, felicidade e conhecimento absoluto. No entanto, o jovem logo percebeu que se tratava de uma ilusão e recusou a oferta de Mara, preferindo encontrar o Nirvana por si próprio.

> No Budismo também se fala no Diabo. As Escrituras budistas contam que na noite de sua iluminação, o Buda Shakyamuni venceu uma grande batalha contra Mara, o demônio da morte, do desejo e da ilusão. Entretanto, o Budismo não vê o Diabo como um personagem que existe fora de nós, mas sim como uma imagem de todos os defeitos e falhas que existem dentro de nós mesmos, como ignorância, inveja, orgulho, cólera, preguiça, egoísmo, indecisão, agitação, teimosia, rabugice, dúvida, etc. Assim, a batalha do Buda contra o diabo Mara foi, na verdade, um combate travado contra suas próprias tendências negativas, ou, em outras palavras, contra seus demônios interiores. (Wangchuck, 2013)

Esse foi apenas o início de mais de uma passagem em que Buda e o diabo se encontram. Há muitos momentos interessantes sobre esse tema e que estão descritos nos textos tradicionais budistas. Contudo, o que de fato nos interessa acerca desses encontros é que, deles, surgiram ensinamentos budistas valiosos, os quais, mais tarde, passaram a compor os mais de 84 mil ensinamentos deixados por Buda.

Assim, por volta dos 40 anos, Sidarta Gautama tornou-se Buda, O iluminado, Aquele que sabe a verdade. Foi na cidade de Benares (hoje Varanasi, na Índia) que ele começou a ensinar o Darma, isto é, o caminho para o amadurecimento e a libertação de boa parte do sofrimento na vida terrestre. Buda viveu por muito tempo, ao lado da esposa e dos filhos, levando o Darma aos brâmanes que o acompanhavam e também àqueles com quem ele tinha contato.

IMPORTANTE!

Em suas pregações, Buda sempre deixou claro que ele não era um deus, nem Deus e nem qualquer outra divindade. Ele sempre dizia que todos os homens e mulheres são Budas e que, para que se descubram "sabedores da verdade", é preciso retirar de si o pó da vida, a fumaça que escurece a lucidez, e perceber a razão da verdadeira felicidade.

Por onde passou, Buda enfatizou diariamente que tudo, é transitório, tudo é impermanente, que basta esperar para constatar que tudo aquilo que cremos eterno é, na verdade, apenas vento, fumaça passageira.

Os preceitos budistas ensinam que tudo é impermanente e tudo está sob a impermanência. A folha da árvore não perdura, o sol não perdura, a lua não perdura. A noite é vencida pelo dia, o dia é vencido pela noite, a primavera é vencida pelo inverno. Portanto, se tudo muda, tristeza vira alegria e alegria vira tristeza, é só uma questão de tempo.

1.2.1 Ananda, "o venerável"

Ananda[3], chamado de "o venerável" e também de "guardião do Darma", foi um dos principais discípulos de Buda.

FIGURA 1.4 – Estátua de Buda retratando momentos antes de sua morte e Ananda (em pé ao lado de Buda), na cidade antiga de Polonnaruwa, Sri Lanka

---

3   Também é possível encontrar a grafia *Ānanda*.

Em alguns momentos da vida de Buda, quando ele pregava diariamente, era comum que repassasse, brevemente, alguns ensinamentos e, em seguida, Ananda tomasse a Sanga para aprofundá-los. Por esse motivo, às vezes, o Venerado pelo mundo chamava Ananda de "o bem-aventurado".

> Sua afetuosa atenção ao Mestre consistia nos seguintes serviços: levava ao Buddha água para lavar o rosto e pasta para escovar os dentes; arrumava seu assento, lavava seus pés, dava massagem em suas costas, o abanava, varria sua cela e remendava seus hábitos. Também dormia a seu lado para estar sempre ao seu alcance. Acompanhava o Buddha em suas rondas pelo monastério [...]. Ānanda se encarregava de fazer chegar a seu destinatário as mensagens do Buddha e de convocar aos bhikkhus, às vezes, inclusive à meia-noite. E se o Buddha estava doente, era ele quem buscava os remédios. [...]
>
> Mas, acima de tudo, Ānanda devia cumprir a sua missão de bom assistente, facilitando a comunicação entre os milhares de bhikkhus e o Mestre. Por sua grande habilidade em organização, negociação e acordos, Ānanda não rejeitava quem quer que fosse e sempre se considerava como uma ponte ao invés de uma barreira. De muitos outros modos Ānanda sempre se mostrou ser um monge solícito que combinava perfeitamente as qualidades de pai e mãe. (Maggacitta, 2016)

Durante o retiro de Buda debaixo da árvore Bodhi, Ananda presenciou um dos ensinamentos mais importantes do mestre: as verdades e as preciosidades do budismo com relação ao amor e à compaixão. Tudo aquilo que se esperava do encontro entre Buda, considerado a flor fresca, e Mara, considerado o lixo apodrecido, não se concretizou, pois Buda foi muito sorridente e hospitaleiro. Naquele dia, Buda ensinou Ananda a receber o inimigo e a se sentar com ele, desde que sua mente esteja certa e lúcida.

> **Dicionário**
>
> **Sanga**: é o conjunto de pessoas reunidas para receberem os ensinamentos budistas. Abordaremos esse conceito com mais detalhes no Capítulo 2.

Sobre a morte de Buda, é complexo interpretar com precisão os textos antigos. Confira o texto a seguir, do médico e monge, doutor Mettanando.

> **Como Buddha morreu**
>
> O Mahāparinibbāna Sutta, dos Discursos Longos do Tipiṭaka em pāli, é, sem dúvida, a fonte mais confiável de detalhes da morte de Siddhattha Gotama (563-483 a.C.), o Senhor Buddha. Ele é redigido em estilo narrativo, que permite que os leitores acompanhem a história dos últimos dias de Buddha, a partir de alguns meses antes de sua morte. [...]
>
> Alguns estudos focam nas qualidades desse alimento especial que o Buddha teria ingerido na sua última refeição e que teria sido o agente de sua morte. Contudo, há também uma outra abordagem baseada na descrição dos sinais e sintomas apresentada no sutta, para os quais o conhecimento médico moderno pode lançar alguma luz. [...]
>
> No Mahāparinibbāna Sutta, é relatado que o Buddha adoeceu subitamente após comer uma iguaria denominada *sukaramaddava*, literalmente "porco macio", que foi preparada pelo seu generoso anfitrião, Cunda Kammaraputta. O nome dessa iguaria atraiu a atenção de muitos estudiosos, e é o foco de pesquisas acadêmicas sobre a natureza dos ingredientes usados em seu preparo. [...]
>
> O sutta nos diz que o Buddha adoeceu imediatamente após comer o *sukaramaddava*. Uma vez que não sabemos nada sobre a natureza dessa iguaria, é difícil atribuir a ela a causa direta da doença do Buddha. Mas, a partir da descrição feita, sabemos que

o início do mal-estar foi súbito. Enquanto estava comendo, ele sentiu haver algo errado com a comida e pediu que o anfitrião a enterrasse. Logo depois, ele apresentou forte dor abdominal e sangramento retal. Podemos presumir que o mal-estar começou enquanto ele se alimentava, fazendo com que ele imaginasse haver algo errado com aquela iguaria exótica. E por sua compaixão pelos demais, fez com que ela fosse enterrada. [...]

Uma doença que é compatível com os sintomas descritos – dor abdominal aguda, sangramento retal, ocorrência frequente em pessoas idosas, e ser desencadeada por uma refeição – é o infarto mesentérico, causado por uma oclusão nos vasos sanguíneos do mesentério. E é uma situação letal. Isquemia mesentérica aguda (redução da irrigação sanguínea para o mesentério) é uma condição grave com alto índice de mortalidade.

O mesentério é uma parte da parede intestinal que liga todo o trato intestinal à cavidade abdominal. Um infarto nos vasos do mesentério normalmente provoca a morte tecidual numa grande porção do intestino, levando a uma laceração da parede intestinal. Isso normalmente provoca dor abdominal intensa e sangramento. O paciente habitualmente morre por hemorragia aguda. Essa situação condiz com a informação do sutta. Também é corroborada mais tarde, quando o Buddha pede a Ānanda para trazer-lhe água para beber, indicando sede intensa.

Conforme é relatado, Ānanda nega esse pedido, já que ele não encontra fonte de água limpa. Ele argumenta com o Buddha que o riacho próximo está lamacento por ter sido atravessado por uma grande caravana de carroças. Mas o Buddha insiste para que ele traga água de qualquer jeito. Uma questão surge nesse ponto: Por que o Buddha não foi sozinho até a fonte de água, em vez de pressionar um auxiliar de má-vontade a fazê-lo? A resposta é simples. O Buddha estava sofrendo de choque hipovolêmico causado pela hemorragia intensa.

Ele não podia mais andar, e daí até o seu leito de morte, ele deve ter sido carregado numa padiola. Se era essa a situação de fato, o sutta mantém silêncio sobre o deslocamento do Buddha até o seu leito de morte, possivelmente porque o autor sentiu que seria embaraçoso para o Buddha. Geograficamente, sabemos que a distância entre o local onde se acredita ser a casa de Cunda e o lugar onde o Buddha morreu é de cerca de 15 a 20 quilômetros. Não é possível para um paciente com tão grave doença andar toda essa distância. Mais provavelmente, o que aconteceu foi que o Buddha foi carregado numa padiola por um grupo de monges até Kusinagara (Kushinagara).

Permanece como uma questão aberta se o Buddha realmente determinou falecer nessa cidade, presumivelmente não muito maior que uma vila. Pelas indicações da viagem do Buddha, informadas no sutta, ele estava indo para um lugar ao norte de Rājagaha. É possível que ele não pretendia morrer ali, mas na cidade onde havia nascido, que ainda ficava a uma distância de três meses de viagem.

A partir do sutta, fica claro que o Buddha não estava prevendo sua doença súbita, caso contrário ele não teria aceito o convite do seu anfitrião. Kusinara era, provavelmente, a cidade mais próxima onde ele poderia encontrar um médico para atendê-lo. Não é difícil imaginar um grupo de monges carregando apressadamente o Buddha numa padiola para a cidade mais próxima a fim de salvar a sua vida.

Fonte: Mettanando, 2012.

Assim, foi depois do período que Buda passou debaixo da árvore Bodhi que os ensinamentos fundamentais ao Budismo começaram a se formar. No Capítulo 2, analisaremos mais profundamente esses ensinamentos e, à medida que for possível, evidenciaremos a relação deles com os dias atuais. Os grandes mestres ensinam que o Budismo não deve ser uma intelectualidade, uma busca cognitiva, mas sim uma prática de lucidez e de meditação – e, como toda prática, só se aprende testando e procurando fazer do ensinamento uma conduta diária.

Outra questão importante é que o próprio Dalai Lama prega que o Budismo está em cada localidade impregnado pela cultura local. Segundo ele, se retirarmos a cultura local de cada experiência budista, o que sobrará é Budismo puramente. Nesse sentido, é preciso compreender que, por exemplo, o Budismo japonês tem a cultura japonesa em seu cerne, assim como o Budismo indiano tem a cultura indiana; o Budismo tibetano tem a cultura tibetana; e, no cerne do Budismo brasileiro, está a cultura brasileira.

Preste atenção!

O **Dalai Lama** é o título de uma linhagem de líderes religiosos da escola Gelug, do Budismo tibetano, mas, como é um monge, o Lama é reconhecido por todas as escolas do Budismo tibetano. Desde o século XVII até meados dos anos 1960, a linhagem dos lamas teve muita representatividade na liderança política do Tibete.

Dessa forma, *Lama* é um termo geral que se refere aos mestres budistas tibetanos. Contudo, é importante lembrar que essa denominação não é comum para todos os budistas nem para todas as correntes e escolas do Budismo pelo mundo. O atual Dalai Lama é, muitas vezes, chamado de *Sua Santidade* por ocidentais, embora esse pronome de tratamento não seja usado no Tibete e, portanto, não é uma tradução. Os tibetanos chamam-no, usualmente, de *Gyawa Rinpoche*, que significa "grande protetor", ou *Yeshe Norbu*, a "grande joia".

Portanto, cada cultura emprega suas nuances ao Budismo e isso não é mal nem errado, segundo o mestre Dalai Lama, pois o Budismo é vivo e deve permanecer vivo. Para isso, ele deve ser aplicado no campo de prática, que é a vida cotidiana, exatamente como Buda fez.

1.3 Escrituras budistas

Buda não escreveu uma só palavra, ele fazia seus ensinamentos de forma oral e essa tradição foi transmitida oralmente de pessoa para pessoa.

De acordo com Wilkinson (2001), em um período já próximo à era cristã, surgiram as primeiras escrituras budistas, as chamadas *tipitaca* – termo que, traduzido do páli, significa "três cestos", em alusão às três partes em que a obra é dividida.

Nesse sentido, à medida que o Budismo foi sendo conhecido nos diferentes países, alguns traços das culturas locais e de diversas filosofias foram sendo acrescentados aos textos das primeiras escrituras budistas.

Note que nos referimos, aqui, aos primeiros textos, às primeiras escrituras, pois não há como afirmar a existência de um primeiro texto gráfico único, que teria sido escrito por Buda, já que ele não o deixou. Tampouco podemos afirmar que algum texto teria sido escrito por um único discípulo de Buda, já que o Budismo se espalhou rapidamente por muitos países e recebeu outras influências. Aliás, foi essa diversidade de culturas e influências que deu origem às diversas escolas do Budismo pelo mundo.

Diferentemente de religiões como o Cristianismo ou o Islamismo, o Budismo não tem um texto único, fundante, que carrega em si os princípios da doutrina. Em vez disso, os textos budistas sempre se referem a 84 mil ensinamentos dados, e cada uma das escolas budistas aponta esses ensinamentos com traços de suas escolhas e de suas culturas.

Ou seja, cada seita budista possui seus próprios textos sagrados. As seitas ligadas à tradição Teravada, por exemplo, seguem o Tipitaca, que contém a conhecida coleção de aforismas conhecida como Darmapada (em páli, *Dhammapada*; em sânscrito, *Dharmapada*), nome que pode ser traduzido como "versículos do darma"; as seitas ligadas à escola Maaiana seguem sutras como o do Lótus, o do Diamante e o do Coração; os budistas tibetanos seguem, entre outros livros, o Livro Tibetano dos Mortos, que contém ritos fúnebres. (Wilkinson, 2001, p. 14)

Dessa forma, embora não haja uma "bíblia" budista, para cada tradição budista há textos primordiais, como O livro tibetano do viver e do morrer ou O livro tibetano dos mortos.

Preste atenção!

Note que Wilkinson (2001) se refere ao Budismo ainda como uma seita, conceito que não é unânime hoje em dia, pois é mais comum hoje entender as religiões como tradições ou doutrinas, independentemente do tamanho que elas tenham. É importante, ainda, apontar que, para os budistas, o Budismo é o que a pessoa quiser: se a pessoa disser que o Budismo é uma filosofia, ele será uma filosofia; se a pessoa disser que o Budismo é uma religião, ele será uma religião; se a pessoa disser que o Budismo é um estilo de vida, ele será um estilo de vida, o que importa aos budistas não é o rótulo, e sim a prática. Todos os mestres budistas são categóricos ao afirmar que Budismo é prática, e não atividade intelectual.

Os sutras também são considerados textos sagrados em algumas tradições, mas é impossível saber ao certo quantos são eles hoje em dia, pois a multiplicidade é tão grande quanto seus significados. Como curiosidade, vejamos um dos mais importantes sutras do Budismo.

Sutra do coração da grande sabedoria completa – sutra da tradição ZEN budista

Quando Kanzeon Bodisatva praticava em profunda Sabedoria Completa claramente observou
O vazio dos cinco agregados
Assim se libertando de todas as tristezas e sofrimentos.
Oh! Sharishi!
Forma não é mais que vazio.
Vazio não é mais que forma.
Forma é exatamente vazio.
Vazio é exatamente forma.
Sensação, conceituação, diferenciação,
conhecimento assim também o são.
Óh! Sharishi!
Todos os fenômenos são vazio-forma,
Não nascidos, não mortos,
Não puros, não impuros,
Não perdidos, não encontrados
Assim é tudo dentro do vazio.
Sem forma, sem sensação,
Conceituação, diferenciação, conhecimento;
Sem olhos, ouvidos, nariz, língua, corpo, mente,
Sem cor, som, cheiro, sabor, tato, fenômeno.
Sem mundo de visão, sem mundo de consciência,
Sem ignorância e sem fim à ignorância,
Sem velhice e morte e sem fim à velhice e morte,
Sem sofrimento, sem causa, sem extinção e sem caminho,
Sem sabedoria e sem ganho, sem nenhum ganho.
Bodisatva devido à Sabedoria Completa.
Coração-Mente sem obstáculos,
Sem obstáculos, logo, sem medo,
Distante de todas as delusões,

Isto é nirvana.
Todos os budas dos três mundos
devido à sabedoria completa
Obtém ANOKUTARA SAN MYAKU SAN BODAI.
Saiba que Sabedoria Completa
É expressão de grande divindade,
Expressão de grande claridade,
Expressão insuperável,
Expressão inigualável,
Com capacidade de remover
Todo o sofrimento.
Isto é verdade não é mentira!
Assim, invoque e expresse a Sabedoria Completa,
Invoque e repita:
GYA-TE GYA-TE
HA-RA GYA- TEI
HARA SO GYA-TE
BO-JI-SOWA-KA

Fonte: Sutra..., 2019.

Há, ainda, os mantras, geralmente usados nas diversas tradições budistas, os quias são ensinamentos tradicionais, sintetizados, diminuídos, em razão da prática de tradição oral.

- *Om Mani Paame Hum* (sânscrito): usado em homenagem ao Buda da compaixão.
- *Om Mani Pemé Hung* (tibetano): também usado em homenagem ao Buda da compaixão.
- *Tayata Om Beranaze Beranaze Mana Beranaze Raaza Samuagate Sona* (Buda da medicina): usado pelas pessoas na busca pela cura de doenças e males do corpo e da alma.

Como os ensinamentos eram repassados de uma pessoa para a outra, em uma época em que não havia muitos recursos de escrita, era mais fácil que eles fossem sintetizados e decorados, surgindo, assim, a prática de mantras.

1.4 Budismo: religião ou filosofia?

Para os estudiosos, o Budismo é uma religião não teísta, ou seja, uma religião sem um deus. Aqui, devemos considerar que o teísmo é uma condição estabelecida pelos gregos antigos, cujo princípio é acreditar na existência de deuses (Velasco, 1995).

Quando se afirma que o Budismo é classificado como uma religião não teísta, é muito comum que as pessoas fiquem confusas. De um lado, não há um deus para o Budismo, de outro lado, como pode ser uma religião se não há deus nela? A resposta a essa pergunta poderia ser imediatamente respondida se alguém dissesse "no Budismo, o deus é o Buda", mas, como vimos até aqui, isso não é verdade. Buda é uma função, um título para aqueles que atingem a iluminação, e não um nome dado a um "santo" ou "anjo".

No entanto, é possível afirmar que o Budismo é uma religião porque o que define uma religião não é somente a existência de um deus, mas a presença da fé e da devoção, e esses elementos podem ser encontrados nos diversos budismos pelo mundo. Além disso, os rituais e as celebrações, comuns na maioria das religiões, são praticados também pelo Budismo. Acredita-se que, atualmente, existem entre 350 e 500 milhões de budistas espalhados pelo mundo, o que faz do Budismo a quinta maior religião do planeta, presente em todos os continentes. Esses números são controversos, pois, em alguns países, como Índia e China, não há dados oficiais sobre a religião da população. Trata-se, portanto, de uma estimativa.

Embora consideremos o Budismo uma religião, podemos dizer que ele vai além dessas classificações, particularmente de terminologias peculiares a outras culturas e tradições. Por exemplo, a palavra *filosofia* significa "amor à sabedoria", e o Budismo também é isso. Os budistas buscam a sabedoria, a lucidez e a serenidade. Isso tudo faz com que o Budismo também possa ser tido como uma filosofia de vida.

Nesse contexto, tanto a definição de religião quanto a de filosofia podem ser aplicadas ao Budismo, mas o que se vê é uma incapacidade dos conceitos em absorver o que realmente é o Budismo. Para alguns budistas, a reposta à pergunta "O Budismo é uma religião ou uma filosofia?" é sempre a mesma: "Budismo é o que você quiser e precisar que ele seja".

1.4.1 As três etapas do treinamento da mente

Independentemente de qual seja a corrente budista, haverá sempre um ponto em comum para os budistas do mundo todo: as três etapas do treinamento da mente. São elas:

1. **Desenvolver a visão correta**: para o Budismo, a visão correta é uma condição de medida diante das ofertas do mundo. Os budistas procuram não fazer julgamentos do que é certo e do que é errado, visto que, no Budismo, tudo é impermanente (tudo vai passar, bom ou mau, certo ou errado). No entanto, não fazer julgamento não quer dizer ter total ausência de medidas – medidas são ações louváveis para os budistas, pois, quando desenvolvemos um coração compassivo, nossas visões tornam-se corretas, e nossas ações, sempre auspiciosas, ou seja, sempre altruístas. Esta é uma condição primordial no Budismo: pensar no outro e como outro, nunca individualmente.

2. **Desenvolver a meditação**: esclarecemos, desde já, que não existe budista que não medita. Para os budistas, a meditação

é uma forma de prece silenciosa. Alguns mestres budistas consideram que o ser humano tem dois poderes: o silêncio e o sorriso. O silencio é o poder adquirido na meditação, e o sorriso, o poder da lucidez. Para os mestres, quando diluímos tudo pelo riso e pela alegria, não se cristaliza *sofrimento* nem *identidade*. Essas duas expressões merecem uma breve explicação. Não cristalizar o sofrimento é um ensinamento budista que diz que o ser humano jamais, em momento algum, deveria pensar de maneira negativa. Existem escolas budistas que trabalham diariamente com o meditar sobre a negatividade para evitá-la em tudo. Para essas correntes, um só pensamento negativo é capaz de conduzir a infernos mentais, e isso seria a razão do distanciamento da felicidade. Já a questão das identidades é outro ponto forte nos ensinamentos budistas: todos temos identidades; ser advogado, por exemplo, é uma identidade, ser político também, ser pai é outra identidade, e assim por diante. Não há problema quando temos as nossas identidades, o problema está em nos tornamos a nossa própria identidade escolhida. Para os budistas, as identidades devem ser dissolvidas ou maleáveis, flexíveis. A meditação seria, então, um meio hábil para descobrir quais identidades fariam o ser humano sofrer e como cada ser humano poderia dissolver suas identidades.

3. **Desenvolver a ação**: outro ponto importante no Budismo é a ação. Muitos mestres budistas dizem que é possível passar a vida inteira estudando Budismo e não ser budista, porque o Budismo não é entendimento de escrituras sagradas, é ação, é prática no mundo. Inclusive, nos templos budistas, os mestres estão sempre dizendo às pessoas que ouçam os ensinamentos e os coloquem em prática, e que, caso aqueles ensinamentos não funcionem, voltem ao templo para buscar novos ensinamentos, pois o budismo tem 84 mil deles, e ao menos um destes funcionará na prática diária. Dessa forma, para os budistas,

de nada importa saber tudo sobre a religião e não a praticar. **Budismo é ação no mundo**. Seria o equivalente ao doente que fica lendo receitas de médicos e bulas de remédios, mas nunca toma efetivamente o remédio para melhorar ou para se curar da doença. Budismo é ação, é prática.

Para os budistas, o fundamento essencial é o Darma de Buda, que prega a importância do amor, da compaixão e da solidariedade, que são poderes a serem cultivados.

No Capítulo 2, analisaremos os principais ensinamentos budistas e algumas das principais correntes dessa doutrina.

Síntese

Neste capítulo, esclarecemos, primeiramente, que a palavra *Buda* não se refere apenas a uma pessoa específica ou somente a um nome. Trata-se de um título, uma função, atribuído a uma pessoa que atingiu a iluminação. Portanto, quando se diz "Ele é um Buda", quer-se dizer "Ele atingiu a iluminação".

Depois, abordamos a vida de Sidarta Gautama, o principal Buda, o Buda da luz infinita, a fim de entender como o Budismo nasceu. Sidarta foi um príncipe da cidade Lumbini, região localizada nas planícies de Terai, no norte da Índia – território que hoje pertence ao Nepal. Desde criança, mostrou-se interessado a questões ligadas à espiritualidade, à filosofia e à vida. Sidarta deixou para trás a vida de luxos e prazeres que lhe era garantida para procurar a origem da verdadeira felicidade e, sobretudo, a razão da existência de tanto sofrimento no mundo. Ao meditar por longo tempo, ele descobriu que uma vida em plena felicidade deve ser aquela cujo caminho do meio é o caminho correto e, assim, nasceu uma das mais importantes máximas do Budismo.

Sidarta Gautama nunca se considerou um deus, tampouco emissário de Deus na Terra. No entanto, por longos anos, ele transmitiu seus mais de 84 mil ensinamentos e fundou o Budismo, que, mesmo sem um deus, é uma religião, uma vez que verifica-se a presença da fé e da devoção.

Atualmente, o Budismo conta com milhões de praticantes no mundo e está presente nos cinco continentes, sempre adaptado às culturas locais. Apesar disso, os budismos espalhados em todo mundo têm pelo menos um ponto em comum: as três etapas do treinamento da mente: desenvolver a visão correta, desenvolver a meditação e desenvolver a ação.

Indicação cultural

BARBEIRO, H. **Buda**: o mito e a realidade. São Paulo: Madras, 2005.

Nessa obra, Heródoto Barbeiro faz uma abordagem acerca de como o Budismo pode promover uma desconstrução do que nós, ocidentais, aprendemos ao longo da vida, abrindo-nos caminho para uma nova realidade. O autor trata das questões mais importantes do Budismo, como a não existência de santos, de deuses ou da metafísica (não há fenômenos naturais, apenas aqueles criados pela nossa mente) e a impermanência das coisas. Além disso, Barbeiro aborda a meditação como meio fundamental para quem quer entender e praticar o Budismo.

Luz, câmera, reflexão

THE BUDDHA – The Story of Siddhartha (O Buda). Direção: David Grubin. EUA: PBS, 2010. 120 min.

Nesse documentário, o diretor David Grubin faz uma introdução à história de Sidarta Gautama, abordando vários mitos relacionados a ele. Com participação do Dalai Lama, a obra trata do nascimento do Budismo, por volta de 400 a.C., e da história de Buda, que nunca se declarou um deus ou um emissário de deus na Terra.

Atividades de autoavaliação

1. Analise as afirmativas a seguir e indique V para as verdadeiras e F para as falsas.

    [ ] Embora se possa dizer que o Budismo é uma religião, não há erro em afirmar que ele também é uma filosofia, uma vez que a palavra *filosofia* significa "amor à sabedoria", e os budistas buscam a sabedoria, a lucidez e a serenidade.

    [ ] É bastante comum que o Budismo mude e se adapte às culturas locais, de cada país onde está presente. Ainda que isso não seja exatamente correto, pois corrompe a doutrina original, foi o meio encontrado para que a religião permanecesse viva.

    [ ] Em suas pregações, Buda sempre deixou claro que ele não era um deus, nem Deus e nem qualquer outra divindade. Ele afirmava que todos os homens e mulheres são Budas e que, para descobrir-se "sabedores da verdade", é preciso retirar de si o pó da vida, a fumaça que escurece a lucidez e perceber a razão da verdadeira felicidade.

    [ ] Para o Budismo, a ação é um ato venerável e, por esse motivo, é preciso estudar todos os ensinamentos budistas com afinco, sem praticá-los, sob pena de colocar a ação em prática de modo errado.

    Agora, assinale a alternativa que corresponde à sequência correta:

    A] V, F, V, V.
    B] V, F, V, F.
    C] V, V, V, V.
    D] F, V, V, V.
    E] V, F, F, F.

2. Sobre Sidarta Gautama, assinale a alternativa correta:
   A] Sidarta viajou com a esposa e os filhos em busca da verdade e da cura para o sofrimento no mundo.
   B] Sidarta, que havia experenciado uma vida de fartura e prazeres ininterruptos na corte de seu pai, adotou uma vida de privações, dores e muita mortificação e descobriu que era exatamente esse o caminho correto.
   C] Por onde passou, Buda enfatizou diariamente que, embora as coisas sejam impermanentes, é preciso focar na permanência, pois o que é passageiro não é bom.
   D] Por volta dos 40 anos, Sidarta Gautama tornou-se Buda, O iluminado, e passou a ensinar o Darma, isto é, o caminho para o amadurecimento e a libertação de boa parte do sofrimento na vida terrestre.
   E] O caminho do meio é o ensinamento de Buda que foca nas questões entre a permanência e a impermanência. Devemos estar cientes de que tudo é impermanente, tudo é fumaça e nada está sob nosso controle, mas atentos para os padrões de permanência que existem, como o apego.
3. Sobre Buda e Mara, analise as afirmativas a seguir:
   I. Comparativamente, Buda é considerado flor fresca, e Mara, lixo apodrecido.
   II. Mara pode ser considerado o demônio da morte, do desejo e da ilusão, que vive dentro de nós mesmos.
   III. Mara ofereceu a Buda o Nirvana, mas O iluminado negou a oferta.
   IV. O embate com Mara foi uma batalha que Buda travou contra suas próprias tendências negativas, para se livrar delas.

Agora, assinale a alternativa que apresenta apenas itens corretos:

A] I, II e III.
B] I e III.
C] II e IV.
D] I e IV.
E] I, II, III e IV.

4. Sobre as três etapas do treinamento da mente, analise as afirmativas a seguir e indique V para as verdadeiras e F para as falsas.

[ ] Não fazer julgamentos sobre o que é certo ou errado, uma vez que tudo é impermanente, mas desenvolver a visão correta, de modo que nossa visão seja mais altruísta e mais compassiva, é um dos ensinamentos do Budismo.

[ ] Quando assumimos uma identidade como nossa, permanente, impedimos possíveis chances de mudanças e corremos o risco de sofrer, pois nossas identidades devem ser flexíveis, maleáveis. Esse é um ensinamento que aprendemos e desenvolvemos por meio da meditação.

[ ] É por meio da meditação que aprendemos a não cristalizar o sofrimento, evitando pensamentos negativos. Existem escolas budistas que trabalham diariamente com o meditar sobre a negatividade para evitá-la em tudo. Para essas correntes, um só pensamento negativo é capaz de conduzir a infernos mentais, e isso seria a razão do distanciamento da felicidade.

[ ] O Budismo é ação, é prática no mundo, e devemos cotidianamente transformar em realidade o que aprendemos com os ensinamentos e com a meditação.

Agora, assinale a alternativa que corresponde à sequência correta:

A] V, V, V, V.
B] V, V, F, V.
C] V, F, V, V.
D] V, V, V, F.
E] V, V, F, F.

5. Sobre a história de Sidarta Gautama, assinale a alternativa **incorreta**:
    A] Sidarta, que havia experenciado uma vida de fartura e prazeres ininterruptos na corte de seu pai, adotou uma vida de privações, dores e muita mortificação e descobriu que nenhum desses dois extremos conduz à verdadeira felicidade.
    B] Foi meditando à sombra árvore Bodhi que Sidarta Gautama conheceu a verdade e tornou-se "O iluminado".
    C] Por muito tempo, Sidarta Gautama esteve com brâmanes, em uma vida de abstinência e mortificações e, nessa ocasião, surgiu uma das máximas do Budismo: o caminho do meio.
    D] Observando o mundo de pleno sofrimento, de pessoas velhas e doentes, de famintos, entre outros infotúnios terrenos, Sidarta Gautama decidiu abandonar sua casa e sair em busca da origem da verdadeira felicidade.
    E] A mãe de Buda queria muito que ele fosse um guerreiro e, durante todo o crescimento do menino, esteve presente para garantir que esse desejo se tornasse realidade.

Atividades de aprendizagem

Questões para reflexão

1. O que é o Budismo para você? Uma filosofia? Uma religião? Ambos? Por quê?
2. O que significa, para você, descobrir as verdadeiras razões do sofrimento? E quais são os benefícios dessa descoberta?

Atividade aplicada: prática

1. Pesquise um sutra com um dos ensinamentos de Buda sobre o tema que lhe aprouver e coloque em prática esse aprendizado por 15 dias. Registre as dificuldades com as quais você se deparou e as realizações que obteve.

ENSINAMENTOS DE BUDA

Há inúmeras histórias sobre os ensinamentos deixados por Buda e, embora existam diferenças entre as tradições, sabe-se que, depois da iluminação, Buda ensinou por aproximadamente 50 anos, e seus preceitos somaram 84 mil, o que se transformou na base de todas as tradições budistas pelo mundo. Esses ensinamentos deixados pelo Buda primordial constituíram a base do Budismo no Oriente e no Ocidente e têm multiplicidade de vertentes.

A seguir, vamos analisar alguns desses ensinamentos para poder compreender os fundamentos da prática budista.

2.1 As quatro nobres verdades

As quatro nobres verdades são consideradas os primeiros ensinamentos deixados por Buda logo depois de ter atingido a iluminação. De acordo com o Venerável Mestre Hsing Yun (2018), é importante entender como Buda pensou a constituição desses ensinamentos.

> A palavra "nobre" refere-se à retidão. De acordo com os sutras, "os nobres são também retos e aplicam a retidão em todas as questões. É a isto que se chama nobre". O significado da palavra "verdade" que consta da designação Quatro Nobres Verdades é [...] "Da verdade do sofrimento à verdade do caminho que leva ao fim do sofrimento, tudo é verdade, não o contrário. Daí chamar-se

verdade." Por outras palavras, as Quatro Nobres Verdades são incontestáveis. Além disso, o Comentário sobre o Tratado do Caminho do Meio afirma que "as Quatro Nobres Verdades são a raiz da ignorância e da iluminação. No estado de ignorância estamos presos no caos dos seis domínios da existência. No estado de despertar tornamo-nos sábios dos três veículos". Por conseguinte, as Quatro Nobres Verdades estão no cerne de toda a vida. Explicam os fenômenos do Universo e ensinam os meios para alcançarmos a libertação de todas as ilusões. Compreendê-las depende da sabedoria para olharmos mais profundamente e vermos para lá da ignorância. A primeira verdade diz-nos que a vida é plena de sofrimento. A segunda diz-nos que o sofrimento é causado pelos nossos vínculos. A terceira verdade diz-nos que o despertar ou a libertação completa de todo o sofrimento é possível. Já a quarta verdade ensina-nos a despertar.

Um ensinamento adicional diz respeito às relações de causa e efeito entre as Quatro Nobres Verdades. A primeira verdade é o efeito da segunda, enquanto a terceira verdade é o efeito da quarta. À primeira vista podemos perguntar-nos porque colocou Buda as verdades por esta ordem particular. Parece mais lógico colocar as segunda e quarta verdades, que são ambas causas, antes da primeira e da terceira, que são efeitos. Buda optou por usar uma ordem diferente porque queria ensinar as Quatro Nobres Verdades da maneira mais eficaz possível. Uma vez que é mais fácil para a maioria das pessoas entender o efeito e só depois as causas, Buda colocou a verdade do sofrimento primeiro, só depois explicando as causas do sofrimento. Assim que as pessoas compreendem as duas primeiras verdades, é natural que queiram libertar-se do seu sofrimento. Para nos ajudar a compreender como alcançar a libertação, Buda ensinou a terceira nobre verdade, que é o fim do sofrimento. A seguir ensinou a quarta nobre verdade,

> que é o caminho que leva ao fim do sofrimento. No cerne de todos os ensinamentos de Buda está a imensa compaixão que ele demonstrou na elaboração de explicações que pudessem ser compreendidas por todos. O ensino das Quatro Nobres Verdades é muito profundo e, à medida que vamos aprendendo mais sobre as verdades, percebemos como a sabedoria e a compaixão de Buda lhe permitiram ensinar tão claramente. (Yun, 2018, p. 26-27)

Esses ensinamentos funcionam para os budistas como um diagnóstico médico para uma doença: identificar as causas do sofrimento e o caminho para sua superação. Não raro, um dos nomes pelos quais Buda é chamado é "O grande médico", justamente porque se dedicou a ajudar os seres humanos a libertarem-se do apego e da ilusão, que são os elementos centrais da construção do sofrimento.

> No *Sutra das Quatro Nobres Verdades*, Buda diz: "Deves conhecer os sofrimentos". Ao dizer isso, Buda nos aconselha a tomar conhecimento dos insuportáveis sofrimentos que experienciaremos em nossas vidas futuras e, por essa razão, desenvolver renúncia: a determinação de nos libertarmos permanentemente desses sofrimentos. Em geral, todos os que têm dor física ou mental, incluindo os animais, compreendem seu próprio sofrimento; mas, quando Buda diz "Deves conhecer os sofrimentos", ele quer dizer que devemos conhecer os sofrimentos das nossas vidas futuras. Por compreender isso, desenvolveremos um forte desejo de nos libertar desses sofrimentos. Esse conselho prático é importante para todos porque, se tivermos o desejo de nos libertar dos sofrimentos das vidas futuras, usaremos determinadamente nossa atual vida humana para a felicidade e a liberdade das nossas incontáveis vidas futuras. Não há nada mais significativo do que isso. (Gyatso, 2016, p. 43)

Com base no estudo das quatro nobres verdades, o ser humano pode descobrir o que fazer para buscar as razões da verdadeira felicidade e, por isso, é imprescindível conhecê-las, uma vez que embasam os demais ensinamentos de Buda.

2.1.1 Primeira nobre verdade: Todo mundo está imerso no sofrimento

Segundo as escrituras do Cânone páli, toda a experiência de vida é cíclica, ou seja, seguimos repetindo eternamente o mesmo padrão de vida, todos ligados ao sofrimento. Além disso, de acordo com os ensinamentos budistas, o infortúnio é impermanente, e isso está calcado no fato de que todo sofrimento está fundamentado nos seis reinos interdependentes.

> **PRESTE ATENÇÃO!**
>
> Denomina-se *Cânone páli* a coleção de escrituras que foi conservada na língua páli, derivada do sânscrito, e guardada pela escola Teravada. Acredita-se que grande parte dos textos sejam de fato registros das falas do próprio Buda. No entanto, o que se conhece como *escrituras budistas* é, na verdade, uma reunião de textos derivada de três cânones: **Cânone páli**, **Cânone chinês** e **Cânone tibetano**. Essa coleção é tão vasta que encheria milhares de páginas, em diversos volumes, se fosse integralmente traduzida. Para ter uma ideia, apenas os sutras somam mais de 10 mil textos.
>
> Em razão de muitos fatores, não é possível ter acesso a todos esses documentos (de tantas línguas e países), por isso, há textos que foram derivados deles, embasados neles e que, atualmente, pautam grande parte dos estudos budistas. Assim, nesta obra, quando mencionamos termos como *escrituras budistas* ou *mestres budistas*, referimo-nos a uma imensa diversidade de estudiosos e mestres religiosos.

Sofrer no Budismo é uma escolha, e essa escolha decorre da cegueira, Avidya, a que todos os homens estão sujeitos.

> **DICIONÁRIO**
>
> **Dukkha**: palavra para designar sofrimento no Budismo.
>
> **Avidya**: delusão, ou seja, quando olhamos para algo e esquecemos de todo o resto; engano; pouca compreensão da totalidade.

Nas pinturas tradicionais, essa cegueira que dá origem ao sofrimento é representada por um homem com os olhos furados por uma flecha.

Segundo o Dalai Lama, "É necessário enfatizar que todos os vários aspectos de *dukkha* de fato têm sua origem em causas, o que assim possibilita sua investigação e, portanto, seu término. Ao encontrar as causas-raiz de *dukkha* e destruí-las, a vida humana pode se tornar feliz e próspera" (Gyatso, 1999a, p. 24).

De acordo com o Venerável Ajahn Sumedho (2007, p. 16-18),

> A Primeira Nobre Verdade é composta por três fases: "Existe sofrimento, *dukkha*. *Dukkha* deve ser compreendido. *Dukkha* foi compreendido"
>
> É um ensinamento muito prático, expresso numa simples fórmula, fácil de memorizar. É também aplicável a todas e quaisquer experiências que possas ter, a tudo o que possas fazer ou pensar, relacionado com o passado, o presente ou o futuro.
>
> Sofrimento ou *dukkha* é o elo comum que todos nós partilhamos. Toda a gente em toda a parte sofre. Seres humanos sofreram no passado, na Índia da antiguidade, sofrem hoje em dia em Inglaterra, e no futuro os seres humanos também irão sofrer... O que é que temos em comum com a Rainha Elizabete? Ambos sofremos. O que é que temos em comum com um pobre em Charing Cross?

Sofrimento. Encontra-se a todos os níveis, desde os seres humanos mais privilegiados aos mais desesperados e desprivilegiados. Toda a gente em todo o lado sofre. É uma ligação que temos em comum, algo que todos compreendemos.

Quando falamos acerca do sofrimento humano levanta-se em nós o sentimento da compaixão mas, quando falamos acerca das nossas opiniões, acerca daquilo que eu penso e do que tu pensas em relação à política e religião, então podemos entrar em guerra. Há dez anos atrás, em Londres, lembro-me de ver um filme que mostrava mulheres Russas com bebês e homens Russos a levarem os seus filhos a piqueniques, tentando retratar os Russos como seres humanos. Na altura, esta representação do povo Russo era pouco usual porque a maior parte da propaganda no Ocidente retratava-os como monstruosidades ou seres reptilianos de coração gelado e por esse motivo nunca pensava neles como seres humanos. Se quiseres matar pessoas tens de as mostrar dessa forma. Não é tão fácil matar alguém se reconheceres que elas sofrem da mesma forma que tu. Tens de pensar que elas não têm coração, que são imorais, más, sem qualquer valor e que é melhor vermo-nos livres delas. Tens de pensar que elas são o mal e que é bom livrarmo-nos do mal. Com esta atitude podes sentir-te justificado em bombardeá-los e metralhá-los mas, se tiveres em mente o sofrimento como elo comum isso torna-te incapaz de agir dessa forma.

A Primeira Nobre Verdade não é uma desagradável afirmação metafísica que somente nos diz que tudo é sofrimento. É importante notar que existe uma diferença entre a doutrina metafísica, em que fazes uma afirmação acerca do Absoluto, e a Nobre Verdade que é uma reflexão. A Nobre Verdade é uma verdade para ser reflectida, não é um absoluto, não é O Absoluto. É neste ponto que os Ocidentais se sentem bastante confusos porque interpretam esta Nobre Verdade como um tipo de verdade metafísica do Budismo mas, na realidade nunca houve a intenção de ser tal coisa.

Podes constatar que a Primeira Nobre Verdade não é uma afirmação absoluta pois sabemos que a Quarta Nobre Verdade é o caminho para o fim do sofrimento. Não podes ter sofrimento absoluto e depois ter um caminho para sair dele, ou podes? Isso não faz sentido. No entanto algumas pessoas pegam na Primeira Nobre Verdade e dizem que o Buddha ensinou que tudo é sofrimento.

A palavra Pali, *dukkha*, significa "incapaz de satisfazer" ou "não ser capaz de suportar algo", ou seja, sempre em mudança, incapaz de nos preencher verdadeiramente ou de nos tornar felizes. O mundo sensorial é assim, uma vibração na natureza. Seria de facto terrível se encontrássemos satisfação no mundo dos sentidos, porque então nunca procuraríamos para além dele, ficaríamos limitados. No entanto, ao despertarmos para este *dukkha*, começamos a procurar a saída para deixarmos de estar constantemente aprisionados à consciência sensorial.

O sofrimento é um dos pilares a serem compreendidos e superados pela prática budista. O próprio Buda dedicou seus primeiros ensinamentos à elucidação do que é o sofrimento e de como a mente se prende a ele.

Agora, bhikkhus, esta é a nobre verdade do sofrimento: nascimento é sofrimento, envelhecimento é sofrimento, enfermidade é sofrimento, morte é sofrimento; tristeza, lamentação, dor, angústia e desespero são sofrimento; a união com aquilo que é desprazeroso é sofrimento; a separação daquilo que é prazeroso é sofrimento; não obter o que se deseja é sofrimento; em resumo, oscinco agregados influenciados pelo apego são sofrimento. (Dhammacakkapavattana Sutta, 2008)

De acordo com os ensinamentos budistas, existem três tipos básicos de sofrimento, como você pode ver na Figura 2.1.

FIGURA 2.1 – Os três tipos básicos de sofrimento

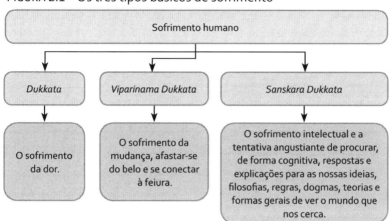

Então, consoante as escrituras budistas, a vida humana está, de uma forma ou de outra, envolta em sofrimento, que provém de algumas fontes específicas, sempre internas.

SOFREMOS QUANDO:

1. O "eu" não está em harmonia com o mundo material. Esforçamo-nos constantemente para encontrar conforto neste mundo. Quando as nossas casas são excessivamente pequenas e existem demasiadas pessoas, sentimo-nos desconfortáveis. Quando a nossa secretária é muito alta ou muito baixa, a luz do candeeiro é muito forte ou muito fraca, podemos ter dificuldade em estudar. O mundo material não gira à nossa volta como gostaríamos, por isso sofremos.

2. O "eu" não está em harmonia com os outros. Muitas vezes, ao invés de estarmos com as pessoas que queremos, somos obrigados a passar o tempo com quem não nos entendemos. Por vezes somos mesmo forçados a passar tempo com pessoas que demonstram abertamente que não gostam de nós.

3. O "eu" não está em harmonia com o corpo. O corpo nasce, envelhece, enfraquece e morre. O "eu" tem pouco ou nenhum controlo sobre esse processo.

4. O "eu" e a mente não estão em harmonia. Muitas vezes, a nossa mente está para lá do nosso controle. Salta freneticamente de ideia em ideia, como um cavalo selvagem. O pensamento delirante é a fonte de todo o nosso sofrimento. Apesar de sabermos isso, temos muita dificuldade em controlar a mente.
5. O "eu" e os seus desejos não estão em harmonia. Há bons e maus desejos. Os bons desejos podem melhorar o "eu" e até beneficiar os outros. No entanto, se gerirmos mal, esses desejos podem ser um fardo. Os maus desejos, como cobiçar coisas materiais e estar vinculado ao desejo físico, criam mais sofrimento. Podemos compreender que o desejo produz karma negativo e sofrimento, mas isso não significa que a mente consiga ser controlada facilmente. O autocontrole é difícil precisamente porque o que sabemos ser melhor para nós nem sempre é aquilo que mais queremos. No entanto, se não tentarmos controlar os nossos desejos o "eu" sofrerá ainda mais.
6. O "eu" e os seus pontos de vista não estão em harmonia. Basicamente, significa que temos pontos de vista errados ou percepções falsas. Quando aquilo em que acreditamos não está de acordo com a verdade, prejudicamo-nos gravemente, incorrendo repetidamente nos mesmos erros.
7. O "eu" não está em harmonia com a Natureza. Chuva, inundações, secas, tempestades, ondas e todas as forças da Natureza estão para lá do nosso controle, o que muitas vezes acaba por nos causar sofrimento.

Fonte: Yun, 2018, p. 29-30.

O sofrimento expressa três condições diferentes para a mente, segundo os ensinamentos de Buda. Para todos eles, devemos manter a mente desperta.

1. **Anicca**: entendimento de que tudo é impermanente, tudo passa, tudo é transitório e logo ficaremos sem aquilo que hoje, no presente, parece tão real.
2. **Anatta**: todas as coisas são manifestações da mudança, uma transitoriedade, uma ponte que liga um passado a um presente e a um futuro.
3. **Dukkha**: pela sua característica, cedo ou tarde vai mudar e teremos de aceitar o desaparecer das coisas. Aceitar que as flores se vão para voltar no próximo ciclo da natureza. Nada podemos controlar. Segundo o Budismo, devemos fugir da tentativa de querer controlar as coisas.

Todas as condições de sofrimento levam o ser humano a viver no *samsara*, que é o inferno, terra de Mara. As consequências para os seres, quando vivem no *samsara*, são terríveis, pois o infortúnio da mente é ininterrupto.

> **PRESTE ATENÇÃO!**
> "No samsara, o ciclo de vida impura, ninguém tem a chance de experienciar verdadeira felicidade porque sua paz mental, a fonte de felicidade, está continuamente sendo destruída pelo demônio interior do agarramento ao em-si." (Gyatso, 2016, p. 59)

Segundo o Budismo, todos os sofrimentos podem ser superados com a liberação da mente, para a qual tudo começa com a motivação correta. Depois, deve-se passar a uma prática de amor e compaixão universais e terminar com um desejo auspicioso de que todos à volta possam encontrar as razões da verdadeira felicidade.

2.1.2 Segunda nobre verdade: Todo sofrimento tem uma causa

Se o ser humano sofre por $avidya$, a cegueira, isso quer dizer que todos os seres – inclusive você, leitor – estão sofrendo. Todos nós estamos imersos em um mar de sofrimento, como um lago cheio de lodo, que é feito pelas nossas lágrimas de choro, de tanto sofrer. Esse sofrimento existe porque nossa experiência é cíclica e por termos criado ligações em nossa busca pela felicidade.

> A Segunda Nobre Verdade é composta por três fases: "Existe a origem do sofrimento que é o apego ao desejo. O desejo deve ser abandonado. O desejo foi abandonado." A Segunda Nobre Verdade diz-nos que existe uma origem para o sofrimento e que essa origem se encontra nos três tipos de desejo: desejo de prazeres sensoriais (*kama tanha*), desejo de ser (*bhava tanha*) e o desejo de não ser (*vibhava tanha*). Esta é a declaração da Segunda Nobre Verdade, a tese, a *pariyatti*. Isto é o que tu contemplas: a origem do sofrimento encontra-se no apego ao desejo. (Sumedho, 2007, p. 28-29)

Ao falar sobre a segunda nobre verdade, Yun ressalta a ligação com o carma. Para ele,

> No Budismo, o karma refere-se a tudo o que dizemos, pensamos e fazemos. Ao longo das nossas vidas criamos muito karma nefasto por causa dos nossos desejos e ânsias ignorantes. O karma nefasto é como uma semente que gera o fruto do sofrimento. Por conseguinte, o nosso sofrimento é causado pelo nosso próprio karma e estamos sujeitos aos efeitos das ações que praticamos. O karma não desaparece, vai-se acumulando. Contudo, não é totalmente mau. Existe também karma positivo. Provarmos o fruto do sofrimento ou da alegria depende das sementes kármicas que plantamos.

> Segundo a *Demonstração do Tratado Apenas Mente*, "o nascimento e a morte sucedem-se como resultado da aflição, da ação e do sofrimento". Os seres sencientes são alimentados pelas aflições da ganância, da ira e da ignorância (os três venenos) e, por conseguinte, acumulam vários tipos de efeitos negativos. Prendemo-nos ao mundo doloroso e ilusório através dos vínculos fortes a estes venenos, resultando no ciclo interminável de nascimento e de morte. As aflições são conhecidas por muitos nomes. São obstruções ou mantos, visto que obstruem a nossa natureza intrínseca. São nós ou emaranhados, cordas que se enrolam à volta das nossas mentes. As aflições são grilhetas ou limitações que restringem os nossos corpos e mentes. Como não fazem parte da nossa natureza inerente, elas surgem e existem somente através da nossa confusão em relação às verdades, e são por isso designadas como "poeira momentânea". Para nos livrarmos das aflições devemos eliminar as causas que as desencadeiam e evitarmos gerar karma negativo adicional. Se conseguirmos fazer isso ficaremos mais próximos de uma vida abençoada. É necessário existir uma compreensão plena das causas do sofrimento antes de lhe podermos pôr fim. (Yun, 2018, p. 31)

Todos os seres humanos que criam condições para ser felizes estão imersos no lago de lodo, sofrendo, pois as causas da felicidade, segundo o Budismo, já são sofrimento. A felicidade só pode ser espontânea, sem controle, longe da ideia de equilibrar pratos como o malabarista do circo, que mantém sob rígido controle aquilo que está em suas mãos. Além disso, a identidade que se quer manter seria outra razão de sofrimento, de permanecer na vida dentro do lago de lodo. Funcionaria assim: um homem perde todo o dinheiro que tinha e não consegue aceitar a ideia de viver sem ele, sem a identidade de rico. Isso é sofrimento, pois esse homem está preso a uma identidade.

Outra razão para o sofrimento são os automatismos. Para o Budismo, "viver no piloto automático" nega a espontaneidade, e isso impede o processo criativo e energético que é receber os méritos das divindades. No Budismo, quando se faz algo de bom, a mandala gira e, cedo ou tarde, aquele que fez o bem receberá o bem, e o contrário também é verdadeiro, aquele que fez o mal receberá o mal, porque a mandala da vida segue girando e nós seremos a consequência de nossas ações – basta esperar.

Dicionário

Mandala: símbolo universal da integração e da harmonia, é sempre um círculo de madeira, areia ou metal. No Budismo, é possível usar o termo *mandala* para designar uma intenção iluminada de construção de Terra pura, na qual a energia de todos se conecta para o bem comum.

Se assim é, todos nós devemos sempre plantar boas sementes para que, na hora da colheita, não tenhamos de colher dores e mais sofrimentos, e sim alegrias, lucidez e serenidade pelos méritos a receber do universo.

No *Sutra das Quatro Nobres Verdades*, Buda diz: "Deves abandonar as origens". Ao dizer isso, Buda nos aconselha a abandonar as origens caso tenhamos o desejo de nos libertar permanentemente dos sofrimentos das nossas incontáveis vidas futuras. O termo "origens" significa as nossas delusões, principalmente a delusão do agarramento ao em-si. O agarramento ao em-si é chamado de "origem" porque ele é a fonte de todo o nosso sofrimento e problemas, e também é conhecido como o "demônio interior". As delusões são percepções errôneas que atuam destruindo a nossa paz mental, a fonte de felicidade; elas não têm outra função que não seja a de nos prejudicar. As delusões, como o agarramento ao em-si, habitam em nosso coração e continuamente nos prejudicam dia e noite sem descanso, destruindo nossa paz mental. (Gyatso, 2016, p. 59)

Portanto, *dukkha* é sofrimento, que, por sua vez, é o lago de lodo, construído por uma mente cega. Segundo o Budismo, é possível emergir desse lago de lodo como faz a flor de lótus.

> **Preste atenção!**
> A **flor de lótus** é um símbolo de espiritualidade para os budistas, que acreditam que, antes de florescer aqui na Terra, ela floresce no mundo espiritual. Essa planta é adotada como símbolo justamente porque suas raízes fundamentam-se em meio à lama e ao lodo, mas a planta expande-se de modo que, apenas ao alcançar a superfície, a flor nasce, longe das impurezas e absolutamente limpa.

Outra razão pela qual o ser humano está no mar de sofrimento de *dukkha* são as condições de fixação nas paisagens. Há quem viva conectado a uma paisagem e dela não queira sair, se mantendo-se preso a ela a qualquer custo. Um exemplo bem simples disso é quando uma pessoa está em uma festa e não entende que o evento é impermanente, ou seja, vai passar, vai acabar. Assim, não suportando ficar longe daquela paisagem, a pessoa agarra-se a ela, fixa-se nela e quer mantê-la a qualquer preço. Depois que a festa termina, a pessoa segue falando e vivendo em função dela e do passado: viver no passado e em uma paisagem da qual um dia fizemos parte é também razão de *dukkha*.

2.1.3 Terceira nobre verdade: Todo sofrimento tem um fim

Na terceira nobre verdade, Buda ensina que há uma cessação do sofrimento. Para o Budismo, se conseguimos eliminar as causas do sofrimento, fatalmente atingiremos a razão da verdadeira felicidade.

> A Terceira Nobre Verdade é composta por três fases: "Existe a cessação do sofrimento, do *dukkha*. O cessar do *dukkha* deve ser realizado. A cessação do *dukkha* foi realizada." Os ensinamentos Budistas têm como objectivo fundamental o desenvolver de uma mente reflectiva, para assim se poder abandonar as ilusões. As Quatro Nobres Verdades são um ensinamento acerca desse abandono, através do olhar atento e da investigação, contemplando: "Porque é que é assim? Porque é que é deste modo?" (Sumedho, 2007, p. 35-36)

Para os mestres, existe uma paisagem e uma identidade que validam o sofrimento e, portanto, suas causas. Quando os seres percebem essas paisagens e essas causas e iniciam a prática de meditação e dos estudos para compreendê-las, podem chegar, cedo ou tarde, à compreensão de que se trata de delusão e que, portanto, podem ser deixadas de lado.

> No *Sutra das Quatro Nobres Verdades*, Buda diz: "Deves alcançar as cessações". Neste contexto, "cessação" significa a cessação permanente do sofrimento e de sua raiz, a ignorância do agarramento ao em-si. Ao dizer isso, Buda nos aconselha a não ficarmos satisfeitos com uma libertação temporária de sofrimentos particulares, mas que tenhamos a intenção de realizar a meta última da vida humana: a suprema paz mental permanente (nirvana) e a felicidade pura e eterna da iluminação. Todo ser vivo, sem exceção, tem que experienciar o ciclo de sofrimentos da doença, envelhecimento, morte e renascimento, vida após vida, sem-fim. Seguindo o exemplo de Buda, devemos desenvolver forte renúncia por esse ciclo sem-fim. Quando vivia no palácio com sua família, Buda observou como o seu povo estava experienciando constantemente esses sofrimentos e tomou a forte determinação de

> obter a iluminação, a grande libertação, e conduzir cada ser vivo a esse estado. Buda não nos estimula a abandonar as atividades diárias que proporcionam as condições necessárias para viver ou aquelas que evitam a pobreza, problemas ambientais, doenças específicas e assim por diante. No entanto, não importa o quanto sejamos bem-sucedidos nessas atividades, nunca alcançaremos a cessação permanente de problemas desse tipo. Teremos ainda que experienciá-los em nossas incontáveis vidas futuras e, mesmo nesta vida, embora trabalhemos arduamente para evitar esses problemas, os sofrimentos da pobreza, poluição ambiental e doença estão aumentando em todo o mundo. Além disso, por causa do poder da tecnologia moderna, muitos perigos graves estão a se desenvolver agora no mundo, perigos que nunca haviam sido experienciados anteriormente. Portanto, não devemos ficar satisfeitos com uma mera libertação temporária de problemas específicos, mas aplicar grande esforço em obter liberdade permanente enquanto temos essa oportunidade. (Gyatso, 2016, p. 63-64)

O sofrimento existe porque há uma validação dele dentro de uma paisagem, mas, a partir do momento que a paisagem não existe mais, como é que os seres vão sofrer?

No Budismo, o sofrimento tem fim, basta que os seres queiram superá-lo. Isso é conseguido por meio da eliminação da ilusão (ma_ya). Assim, alcançamos o estado de libertação do iluminado Buda.

2.1.4 Quarta nobre verdade: Toda iluminação é atingida por meio da prática do nobre caminho óctuplo

A quarta nobre verdade aponta para o início da prática orientada por Buda. Essa verdade mostra que o Budismo não é a religião do cognitivo, aquela em que o entendimento é buscado a toda prova. O Budismo é a religião cuja prática precisa ser iniciada, pois foi assim que o próprio Buda atingiu a iluminação debaixo da árvore Bodhi. Assim, os ensinamentos de Buda percorrerão exatamente os mesmos passos que ele próprio percorreu: a quarta nobre verdade é um conjunto de oito passos para que os seres possam encontrar as razões da verdadeira felicidade.

> A Quarta Nobre Verdade, assim como as primeiras três, é composta por três fases. A primeira é que: "Existe o Óctuplo caminho, ou *atthangika magga* – o caminho para sair do sofrimento." É também chamado de *ariya magga*, o *Ariyan* ou Nobre Caminho. A segunda fase é que: "Este caminho deve ser desenvolvido". A última revelação é: "Este caminho foi plenamente desenvolvido". (Sumedho, 2007, p. 45)

Nos sutras, que são discursos proferidos por mestres, a quarta nobre verdade é sempre recorrente. Trata-se de uma espécie de manual para o percurso do longo caminho até o Nirvana. Assim, os mestres seguem, como Buda, trazendo os sutras – fazendo uma "costura" dos preceitos do Cânone páli, de modo que todos os seres que acessam os ensinamentos budistas possam ter a chance de fazer o mesmo caminho nobre.

Dicionário

Cânone páli: também conhecido como *Tripitaca*, é uma compilação dos ensinamentos budistas tradicionais, que foram preservados pela escola Teravada.

Teravada: escola, relativamente conservadora, a que mais se aproxima dos ensinamentos do início do Budismo e também a mais antiga escola budista.

No Teravada, o nobre caminho de oito passos é relevante para o desenvolvimento do praticante. A seguir, vamos analisar esse caminho de oito passos.

2.2 O nobre caminho óctuplo: caminho do meio

Conhecido como *nobre caminho de oito passos*, *caminho do meio* ou *nobre caminho óctuplo*, esses ensinamentos de Buda são uma espécie de guia para a iluminação, a fim de alcançar a libertação do sofrimento.

Preste atenção!

O Buddha não simplesmente aborda o problema do sofrimento de forma superficial – ao contrário, ele torna esse problema a pedra fundamental do seu ensinamento. Ele inicia as Quatro Nobres Verdades – que são a essência de sua mensagem – com o anúncio de que a vida está inseparavelmente ligada a algo que ele chama de *dukkha*. A palavra em pāli é frequentemente traduzida como "sofrimento". Mas significa algo mais profundo do que a dor e do que estar arrasado. Ela se refere a uma insatisfação básica que acontece ao longo de nossas vidas – a vida de todos nós, exceto a dos iluminados. Algumas vezes essa insatisfação vem à tona como mágoa, pesar, decepção ou desespero. Entretanto, normalmente ela paira a beira de nossa consciência como uma sensação vaga e difusa de que as coisas nunca são totalmente perfeitas, nunca completamente adequadas às nossas expectativas de como deveriam ser. Este fato de dukkha, o Buddha diz, é o único real problema espiritual. Os outros problemas – as questões teológicas e metafísicas que têm assombrado os pensadores religiosos através dos séculos – ele gentilmente coloca de lado como "questões que não tendem para a libertação". O que ele ensina, ele diz, é apenas sofrimento e o fim do sofrimento, dukkha e sua cessação.

O Buddha não para nas generalidades. Ele vai além e expõe as diferentes formas que dukkha assume, tanto as evidentes quanto as sutis. Ele inicia com o que está à mão, com o sofrimento inerente ao processo físico da vida em si. Aqui, dukkha se mostra em eventos como nascimento, envelhecimento e morte; em nossa suscetibilidade a doenças, acidentes e ferimentos; até mesmo na fome e na sede. Dukkha aparece novamente nas nossas reações internas a eventos e situações desagradáveis: na mágoa, na raiva, na frustração e no medo que vêm à tona em separações dolorosas, por encontros desagradáveis, pelo fracasso em obter o que queremos. Nem mesmo os nossos prazeres, o Buddha diz, são imunes a dukkha. Eles nos dão felicidade enquanto duram, mas não duram para sempre; um dia eles deverão terminar e quando se vão a perda nos traz um sentimento de privação. A maior parte de nossas vidas está na dualidade entre a sede de prazer e o medo da dor. Passamos nossos dias correndo atrás de um e fugindo do outro, raramente desfrutando a paz de estar contente; a satisfação real parece, de certa forma, estar sempre fora do nosso alcance, logo além do próximo horizonte. Então, ao final de tudo, temos que morrer: abandonar a identidade na qual gastamos toda nossa vida construindo, deixar para trás todas as coisas e todos os que amamos.

Entretanto, o Buddha ensina que nem mesmo a morte nos traz o fim de dukkha, pois o processo da vida não cessa com a morte. Quando a vida termina em um determinado lugar, com um corpo, o "continuum mental" – o fluxo individual de consciência – ressurge em algum outro lugar com um novo corpo como suporte físico. Dessa forma, o ciclo se repete indefinidamente – nascimento, envelhecimento e morte – movido pela sede de mais existência. O Buddha declara que este ciclo de renascimentos – chamado de saṁsāra, "o vagar" – se repete através do tempo "sem início". Não há ponto inicial nem origem temporal. Independentemente do quanto voltarmos no tempo, sempre encontraremos seres vivos – nós mesmos em vidas passadas – vagando de um estado de existência para outro. O Buddha descreve vários reinos onde o renascimento pode ter lugar: reinos de tormento, o reino animal, o reino humano e reinos de êxtase celestial. Entretanto, nenhum desses reinos pode oferecer um refúgio final. A vida em qualquer plano deve chegar a um fim. Ela é impermanente e, portanto, marcada pela insegurança, que é o significado mais profundo de dukkha. Por esta razão, alguém que aspire ao completo fim de dukkha não pode se contentar com quaisquer conquistas mundanas, com qualquer *status*, mas deverá, sim, conquistar a libertação de todo este instável redemoinho.

Fonte: Bodhi, 2015, p. 18-20.

Todos os budistas, no mundo inteiro, seguem este preceito: **viver no caminho do meio**, que se refere à própria descoberta de Buda. Como vimos, o jovem Sidarta queria conhecer o mundo e, para isso, teria de sair do palácio onde vivia e passar por vários sofrimentos que o impactariam (Hanh, 2005).

Você lembra que mencionamos que Buda vivia em um palácio, mas foi morar na floresta, em busca da iluminação? Se pensarmos bem, o príncipe já havia vivido de um lado do caminho – o da riqueza – e, agora, ele estava iniciando o percurso do outro lado – o da pobreza –, e ambos os lados são os extremos do caminho.

Conforme vimos, passado algum tempo e, sobretudo, depois de vivenciar muitos problemas, Sidarta percebeu que a vida no palácio era cruel porque, enquanto ele poderia ter de tudo, fora dali o povo sofria. No entanto, na floresta, o jovem também constatou que a pobreza e a austeridade não lhe ofereceram muito conforto para a mente. Foi, então, que ele chegou à conclusão de que o melhor seria seguir pelo caminho do meio, ou seja, em nenhum dos extremos. Nesse sentido, o caminho do meio seria uma possibilidade de avançar rumo à iluminação sem ter de sofrer as agruras das extremidades.

Essa narrativa reflete a descoberta do próprio Buda sobre o caminho do meio e traz a mais importante missão de um ser budista: sempre encontrar um caminho do meio pelo qual conduzir sua mente.

Importante!

O caminho do meio é:
- uma prática de uma ação nunca extremista;
- um meio termo entre a intenção e a ação, sem exageros nos extremos;
- um caminho de moderação;
- a distância entre a indulgência e a morte;
- uma explicação muito sutil do Nirvana – perfeita iluminação, ou seja, quem tem o trânsito da vida sempre pelo caminho do meio já teria atingido essa condição de trânsito pelo Nirvana.

Os budistas consideram o caminho óctuplo, os passos para viver no caminho do meio, como chave para expandir a mente, para ter um coração compassivo e, também, serenidade. Analisaremos, aqui, esses oito passos.

FIGURA 2.2 – Os passos do nobre caminho óctuplo

É importante lembrar que os antigos mestres dividiam os oito passos para facilitar a compreensão da orientação deixada pelo Buda. Por isso, algumas vezes, podemos encontrar uma subdivisão desses oito passos em três grandes grupos, embora, atualmente essa divisão não seja tão comum.

> **Importante!**
>
> **Grupo 1 – *Prajna*:** sabedoria que purifica a mente – compreende os passos:
> - *Drsti:* ver a realidade como ela é, não como pode parecer.
> - *Samkalpa:* ter a verdadeira intenção de renunciar para atingir a liberdade e a inocuidade.
>
> **Grupo 2 – *Sila*:** é a ética e a moral dos budistas, a abstenção dos atos nocivos – compreende os passos:
> - *Vac vac:* falar de maneira verdadeira e não ofensiva.
> - *Karman:* agir de maneira não prejudicial com relação a todos os outros seres.
> - *Ajivana:* os meios de vida devem ser embasados nos preceitos compassivos e amorosos para com todos os outros seres.
>
> **Grupo 3 – *Samadhi*:** essa liberação é atingida por meio das práticas budistas – compreende os passos:
> - *Vyayama vyayama:* quando o ser busca fazer o esforço correto para melhorar.
> - *Smrti:* quando o ser busca ver as coisas sem o desejo ou sem a aversão.
> - *Samaani:* quando o ser busca meditar ou concentrar-se de maneira correta para atingir a iluminação.

Para facilitar a compreensão desses oito passos, vamos analisá-los de forma relacionada a ações do dia a dia contemporâneo.

1. **Visão correta**: é um princípio muito importante para o Budismo, pois é o que mostra o quanto temos de pensamento altruísta. É ver o outro como um ser que também quer ser feliz e também quer livrar-se do sofrimento. Trata-se de uma visão de compaixão, de dedicar-se ao outro, de sacrificar-se pelo outro e de partilhar o que tiver com o outro, de forma total. Visão correta é visão coletiva e não individualizada cujo princípio nunca é estar dissociado dos outros.

2. **Intenção correta**: também chamada de *intenção iluminada*. Muitas vezes, nós queremos o bem, queremos semear o bem, temos pensamentos de bem e de bondade, mas erramos, na visão do outro, na execução. No Budismo, sempre se afirma que nunca devemos nos importar como que o outro diz ou faz, devemos sim nos importar como agimos diante daquilo que é feito ou do que nos é dito pelo outro. Assim, podemos compreender que ter uma intenção correta é algo que está dentro de nós, e isso deve ser baseado no amor, no cuidado e no amparo, mas o que o outro vai fazer com aquilo, ou o que o outro vai pensar daquilo, já é outra coisa – que depende só do outro. Ter visão e intenção corretas gera carmas positivos, méritos.
3. **Fala correta**: devemos ter muito cuidado como que falamos diariamente para todos em nossa mandala, em nossa vida, em nossa casa. Uma das ações a que o Budismo pede atenção é no que concerne às ações de fala: falar inutilmente, falar demais, falar tolices e levar e trazer desavenças por meio da fala são grandes geradores de carma negativo, e com isso, nós todos devemos nos preocupar. No Budismo, as ações da fala precisam deixar as pessoas à nossa volta melhores, mais felizes, mais lúcidas e mais compassivas.
4. **Ação correta**: nossas ações dividem-se entre ações de fala, de corpo e de mente – todas são ações. Qualquer que seja o movimento em direção ao outro, deve-se fazê-lo com cuidado para não semear o ódio, a tristeza e, sobretudo, não fazer mal algum. Segundo o Budismo, as pessoas precisam evitar essas ações para que não tenham seus estados meditativos abalados.
5. **Viver corretamente**: inclui não drogar-se, não deixar que sua mente seja controlada por substâncias tóxicas, não fazer sexo impróprio, ou seja, sem o consentimento do outro, respeitar e ser respeitado. O viver corretamente é também viver todas as dimensões do estado de meditação, de lucidez, de paz e de

serenidade. Essa é uma observação importante em todas as correntes do Budismo – todos os grandes mestres afirmam que os seres devem preocupar-se em viver corretamente, pois um só erro conduz a um sofrimento ainda maior.

6. **Esforço correto**: passa pela meditação, que deve ser uma prática diária para os budistas. É por meio do esforço com a meditação que os seres percebem-se evoluindo, rumo à verdadeira felicidade. Portanto, meditar é uma prática e não se resume apenas ao momento em que se está sentado sobre uma almofada, mas também a qualquer ocasião em que se anda pelo mundo. Meditar requer esforço e todo esforço deve ser no sentido correto: o da busca pela paz e pela lucidez.

7. **Atenção correta**: refere-se ao tipo de energia que produzimos nos momentos em que estamos abalados, por exemplo. Diante de uma vitrine de loja, podemos olhar nosso movimento interno e questionar que tipo de sentimento temos. Diante de um prato delicioso de comida, devemos observar o que sentimos. Essa atenção à nossa própria mente propicia um pouco de sabedoria, uma vez que, assim, é possível ver, pensar e perceber o que rouba nossa paz e nossa alegria. Ter a atenção correta é ter a atenção interna – aquela que edifica e estrutura a mente.

8. **Concentração correta**: é ouvir, ver e sentir a mente. No Budismo, há um ensinamento que diz que a mente vê a mente, isso quer dizer que somente a concentração correta, associada ao esforço correto, é que nos ajuda no caminho da paz interior.

Na prática, esses oito passos podem ser desenvolvidos um a um ou de forma interligada, à medida que eles se inter-relacionam, de acordo com a orientação do mestre budista ao qual o ser estiver conectado.

No caminho de oito passos há, de fato, tudo aquilo que os budistas estão praticando em suas meditações e em suas buscas do Darma, que é o conjunto dos ensinamentos. Conforme já destacado, para o Budismo, o que importa é o campo de atuação do praticante, e é por isso que esse é o termo correto para quem é budista: denomina-se *praticante* aquele que pratica o Darma, ou seja, aquele que medita, que busca o caminho da iluminação, que está como coração cheio de intenção iluminada e cuja mente está em busca de paz, de serenidade e de lucidez.

2.3 Compaixão por todos os seres

Primeiramente, ressaltamos que não há Budismo sem compaixão, que é poderosa e considerada a porta de entrada para o caminho da iluminação.

> Tanto a nossa educação geral como o nosso treino espiritual são, ambos, proporcionados pelos outros. Todas as nossas realizações de Dharma, desde os nossos primeiros insights até nossa conquista da libertação e da iluminação, serão obtidas na dependência da bondade dos outros. Como seres humanos, temos a oportunidade de conquistar a felicidade suprema da iluminação. A razão disso é que, devido ao nosso renascimento humano, temos a oportunidade de ingressar e prosseguir no caminho à iluminação, um caminho espiritual motivado pela compaixão por todos os seres vivos. A porta de entrada através da qual ingressamos no caminho à iluminação é, portanto, a compaixão por todos os seres vivos – compaixão universal – e somente desenvolvemos essa compaixão apoiando-nos em todos os seres vivos como objetos da nossa compaixão. Isso mostra que é através da grande bondade de todos os seres vivos, atuando como objetos da nossa compaixão, que temos a oportunidade de ingressar no caminho à iluminação e de

alcançar a felicidade suprema da iluminação. Por isso, está claro que, para nós, todos os seres vivos são supremamente bondosos e preciosos. (Gyatso, 2016, p. 73)

A compaixão é um lugar na mente do budista, um valor absoluto e, por consequência, é o próprio o Budismo em ação – e toda ação deve ser cuidada para trazer o bem, fazer o bem e pensar o bem.

> "Eu abstenho-me de matar intencionalmente", porque o nosso instinto natural é de matar: se está no teu caminho, mata-o. Podes observar isto no reino animal. Nós próprios somos criaturas bastante predadoras; pensamos que somos civilizados mas, literalmente, temos uma história bastante sangrenta. Ela é preenchida com inúmeras chacinas e justificações para todo o tipo de injustiças contra outros seres humanos, já para não falar nos animais e tudo isto devido a esta ignorância básica, esta mente humana que sem reflectir nos diz para aniquilar o que está no nosso caminho. No entanto, com reflexão, estamos a mudar esta situação; estamos a transcender esse padrão animal, básico e instintivo. Não somos somente marionetas cumpridoras das leis da sociedade, com medo de matar porque temos medo de ser punidos. Agora estamos realmente a tomar responsabilidade. Respeitamos a vida das outras criaturas, até a vida dos insectos e criaturas de que não gostamos. Jamais alguém irá gostar de mosquitos ou formigas, mas podemos reflectir acerca do facto de que eles têm o direito de viver. Isto é uma reflexão da mente; e não somente uma reacção: "Onde está o insecticida?" Eu também não gosto de ver formigas no meu chão; a minha reacção inicial é, "Onde está o insecticida?" Mas então, a mente reflectiva, mostra-me que ainda que estas criaturas me estejam a irritar e eu preferisse que elas desaparecessem, elas têm o direito de existir. Esta é uma reflexão da mente humana. (Sumedho, 2007, p. 20)

Diante do sofrimento, os seres humanos precisam ter compaixão, mas essa percepção para com avida no entorno, muitas vezes, vai se perdendo ao longo da caminhada, e várias pessoas passam a ter uma grande indiferença pela vida, e é isso que as leva a não mais ter compaixão. Nesse contexto, a compaixão é um importar-se plenamente com o mundo, sem apego, sem o gosto e não gosto, sem o quero e não quero, a compaixão é um sentimento universal e ilimitado.

Salientamos, ainda, que o primeiro estágio da compaixão é a **empatia** – e que, com empatia, há sofrimento. No entanto, o sofrimento que se sente com a empatia torna-se combustível para o fogo da compaixão.

> Grande parte da angústia e do desespero humano resulta daquele extra que adicionamos em determinado momento devido à nossa ignorância. É triste constatar que a miséria, a angústia e o desespero da humanidade estão baseados numa ilusão; o desespero é vazio e sem sentido. Quando percebes isto, começas a sentir uma compaixão infinita por todos os seres. Como é possível odiares alguém ou guardares rancores ou condenar quem quer que seja que se encontre aprisionado nesta teia de ignorância? Toda a gente é influenciada a fazer aquilo que faz devido à sua visão incorrecta das coisas. (Sumedho, 2007, p. 47)

A empatia combinada com o que os tibetanos chamam de *sem-snur*, que podemos traduzir como "poder do coração", acende a compaixão. O poder da compaixão está além do sofrimento pessoal e objetiva buscar soluções.

De acordo com Gyatso (2016), a compaixão pode ser exercitada por meio dos seguintes passos:

- **Equalizar "eu" com "outros"**: passar a apreciar todas as pessoas do mesmo modo que apreciamos nossos amigos mais queridos e, depois, do mesmo modo que apreciamos a nós mesmos. Assim, aprendemos a não distinguir nossa liberdade e nossa felicidade da dos outros, entendendo ambas como iguais e com a mesma importância, sem sobreposições.
- **Contemplar as desvantagens do autoapreço**: temos o instinto natural de autopreservação e de, em nossa mente, assumirmos a posição de mais importantes que os outros, o que, consequentemente, coloca nossa felicidade e a nossa liberdade acima das dos outros, negligenciando o que nos cerca.

> Quando estamos seriamente doentes, achamos difícil suportar o nosso sofrimento, mas a doença somente nos prejudica porque apreciamos a nós mesmos. Se outra pessoa estiver experienciando uma doença semelhante, não consideraríamos a doença dela um problema. Por quê? O motivo é que não a apreciamos. [...] se apreciássemos os outros tanto quanto apreciamos a nós mesmos, acharíamos difícil suportar seu sofrimento. Isso é compaixão. (Gyatso, 2016, p. 77-78)

Devemos lembrar que o autoapreço é causador de sofrimento, de egoísmo e de egocentrismo. No entanto, isso não significa que não devemos cuidar de nós mesmos, afinal esse cuidado é essencial para manter nossa vida. O significado desse ensinamento é que devemos estar amplamente abertos a cuidar dos outros tanto quanto cuidamos de nós.

- **Contemplar as vantagens de apreciar o outro**: ao apreciarmos as pessoas, considerando essenciais a felicidade e a liberdade delas, consequentemente praticamos ações virtuosas, altruístas, em prol de fazer o bem ao próximo. Inevitavelmente, teremos boas relações, mais harmônicas e pacíficas, libertando-nos de muitos dos problemas do cotidiano, como egoísmo, inveja e raiva. Desenvolvemos, assim, as relações do amor universal.

- **Treinar o grande amor**: também conhecido como *amor incomensurável*, é o amor por todos os seres vivos, que deve estar nas meditações e nos pensamentos diários.

> oito benefícios do amor afetuoso e do grande amor: (1) meditando em amor afetuoso e em grande amor por apenas um instante, acumulamos mais mérito do que se déssemos comida, três vezes todos os dias, para todos os que estão com fome no mundo. Quando damos comida para os que estão com fome, não estamos dando felicidade verdadeira para eles. O motivo é que a felicidade que vem de comer não é verdadeira felicidade, mas apenas uma redução temporária do sofrimento da fome. No entanto, meditar em amor afetuoso e em grande amor conduz a nós e a todos os seres vivos à felicidade pura e duradoura da iluminação. Os sete benefícios restantes de meditar em amor afetuoso e em grande amor são que, no futuro: (2) receberemos grande bondade amorosa de humanos e não humanos; (3) seremos protegidos de diversas maneiras por humanos e não humanos; (4) seremos mentalmente felizes o tempo todo; (5) seremos fisicamente saudáveis o tempo todo; (6) não seremos feridos por armas, prejudicados por veneno e outras condições danosas; (7) obteremos todas as condições necessárias sem esforço; e (8) nasceremos no paraíso superior de uma Terra Búdica. (Gyatso, 2016, p. 81-82)

O amor universal é um dos mais importantes preceitos budistas e é por meio dele que podemos também exercer e treinar a compaixão universal, o desejo sincero de que todos os seres vivos sejam felizes, a constatação de que todos têm o direito à vida, à sagrada vida. Devemos considerar que a prática de ações inadequadas e, até mesmo, os pensamentos inadequados provêm da ignorância e, por isso, não há um único ser que não seja, por completo, merecedor de nossa compaixão.

2.4 Interdependência de todas as coisas

A interdependência das coisas é talvez o ensinamento mais pontual, hoje, no Budismo, pois traduz quase todos os outros ensinamentos dessa religião (ou pensamento filosófico).

Primeiramente, é preciso entender a dependência das coisas com base na ideia de tempo: passado, presente e futuro. Segundo os preceitos budistas:

- A felicidade não pode ser alcançada por aqueles que vivem no passado, independentemente de esse passado ter sido de alegria ou de tristeza, pois ele é só um passado e, por isso, não serve mais.
- O futuro é desconhecido e, portanto, de nada adianta tentar trazê-lo para a atualidade ou aproximá-lo do momento em que estamos, porque isso só traz mais e mais sofrimento.

Então, chegamos à máxima do Budismo: a necessidade de que a mente de cada ser seja colocada no **presente**. O presente é o único tempo que importa. É no presente que estão todas as coisas de que precisamos para ter felicidade.

É no momento presente que podemos vivenciar o amor, a doçura e a lucidez e, sobretudo, é no agora que temos a oportunidade de descobrir as causas do sofrimento.

Então, se só o presente importa, onde está a dependência do tempo? Aqui entra outro ensinamento do Budismo, que é o **carma**, um desdobramento. Isso porque aquilo que vivemos agora é simplesmente um desdobramento do que foi plantado ou escolhido lá no passado. E aquilo que vamos viver no futuro será só um desdobramento do que fazemos hoje, no presente. Assim, segundo o Budismo, se quisermos saber como será nosso futuro, basta olhar para nosso presente: e é aí que entra a interdependência do tempo. Para os budistas, passado, presente e futuro são indissociáveis, já que neles está presente a condição de desdobramento eterno e por infinitas vidas.

Preste atenção!

No Budismo, acredita-se absolutamente em **reencarnação**, de forma que, se o ser não conseguir resolver suas limitações nesta vida, há sempre a possibilidade de ter de reviver tudo em vidas futuras, já que o futuro é um desdobramento do que se vive hoje. É assim também que devemos compreender o passado em relação a outras reencarnações. Para o Budismo, estamos aqui tendo uma nova chance de resolver o que não conseguimos resolver na vida anterior, ou nas vidas anteriores, por isso, a interdependência das coisas e a chance presente.

Grande parte dos ensinamentos budistas afirma que os seres devem aproveitar totalmente o momento presente para buscar a lucidez e a paz, pois essa seria uma chance única de libertar-se definitivamente do sofrimento, já que a reencarnação futura pode não ser na forma humana, o que impossibilitaria o ser de fazer escolhas (se essa reencarnação ocorresse na forma animal, por exemplo).

Então, podemos pensar que o conceito de *dependência*, no Budismo, começa com relação ao tempo, mas se estende para todas as dimensões da vida, incluindo as condições sociais e materiais, a ecologia dos seres, as doenças, os méritos de saúde, a beleza, a inteligência ou qualquer outra vertente humana. Vivemos conectados uns aos outros e, para alcançar a verdadeira felicidade, temos de entender tudo ao nosso redor. Uma enchente tem total relação com todos nós, uma epidemia tem total relação com todos nós, uma guerra tem total relação com todos nós. No entanto, para entender essa relação, temos de aprender a ter um olhar mais sutil entre passado e presente e, sobretudo, entre **causa e efeito**. Essas duas palavras têm tudo a ver com a doutrina budista.

Para explicar esse tema, Gyatso (1999b) cita uma fala de Sua Santidade, o Dalai Lama:

> Num primeiro nível, recorre-se ao princípio de causa e efeito, pelo qual todas as coisas e acontecimentos surgem dependendo de uma complexa rede de causas e condições relacionadas entre si. Sendo assim, nada e nem nenhum acontecimento pode vir a existir ou permanecer existindo por si só. Por exemplo, se eu pegar um punhado de barro e moldá-lo, posso fazer um vaso vir a existir. O vaso existe como resultado de meus atos. Ao mesmo tempo, é também o resultado de uma miríade de outras causas e condições. Estas abrangem a combinação de barro e água que forma a matéria-prima do vaso. Em acréscimo, há o agrupamento das moléculas, dos átomos e outras diminutas partículas que formam esses componentes. Em seguida, é preciso levar em conta as circunstâncias que levam à minha decisão de fazer um vaso. E existem ainda as condições que cooperam ou interferem nas minhas ações à medida que dou forma ao barro. Todos esses diferentes fatores deixam claro que meu vaso não pode vir a existir independentemente de suas causas e condições. Ou seja, ele tem uma origem dependente, sua criação está subordinada a essas causas e condições. (Gyatso, 1999b, p. 47)

Sua Santidade, o Dalai Lama, tem ensinamentos muito significativos sobre esse assunto. Há textos em que ele se aprofunda no tema, mas de maneira bastante simples, de fácil entendimento.

No exemplo citado, Sua Santidade explica que, para entender a interdependência das coisas, podemos adotar a analogia de fabricar um vaso de barro: é necessário ter o barro, a decisão de fazer o vaso e as mãos que vão moldar e amassar a matéria. Até aí, aparentemente, bastou apenas esse conjunto de coisas para que o vaso possa existir, no entanto, examinando mais atentamente, o barro precisou de água e argila, e a água, para se juntar à argila, precisou da chuva, e a chuva, para existir, precisou do Sol e do rio para evaporar a água. Já podemos perceber, então, que o barro mole e maleável para iniciar a moldagem de um vaso não é simplesmente o barro, ele é, na verdade, a interdependência de inúmeros fatores que se juntam nesse processo.

Em seguida, ainda no exemplo, Sua Santidade alerta para o fato de que, na natureza, é muito provável que o barro tenha sido extraído por outra pessoa, depois ele precisa ser transportado e assim segue, ou seja, tudo é **interdependente** e **impermanente**. Algum tempo depois, esse vaso pode deixar de existir, inevitavelmente, dando origem a outra coisa, a outro processo, e essa é a condição da interdependência das coisas.

Essa consciência é muito importante, pois quando os ensinamentos dizem que não se pode fazer o mal a nenhum ser, por menor que seja, a ideia implícita nessa afirmação é a de que todo o mal realizado será colhido, cedo ou tarde. Da mesma forma, todo bem semeado será colhido, cedo ou tarde.

2.5 Os cinco agregados

De acordo com os preceitos budistas, os seres humanos são compostos por cinco agregados (*skandhas*) – aspectos que constituem o ser senciente.

> **Dicionário**
> **Ser senciente:** um ser que tem consciência, que consegue viver as experiências, experimentar e analisar aquilo que lhe acontece.

Ao afirmar que esses cinco agregados são os aspectos que constituem o ser, englobam-se todos os aspectos, desde a natureza, a sociedade, as relações e, é claro, a mente, o corpo e a consciência.

- **1º agregado – forma (rupa):** refere-se ao nosso corpo, incluindo os cinco sentidos e o sistema nervoso. Uma boa prática de atenção plena ao corpo é deitarmos e começar a tocá-lo, percebendo as partes que nos constituem, ou seja, nossa forma. Ao fazer isso, constataremos que o corpo é precioso e que as formas sempre fluidas podem ser usadas em benefício de todos os seres.

> O primeiro é o Agregado da Matéria (*rūpakkhandha*). Este termo, "agregado da Matéria", abrange os tradicionais Quatro Elementos Principais (*cattari mahābhutani*), quais sejam, solidez, fluidez, calor e movimento, bem como os Derivados (*upadaya-rūpa*) destes Quatro Principais. (Rahula, 2012)

Entre os derivados estão os cinco sentidos (visão, audição, olfato, paladar e tato) e os correspondentes a eles no mundo exterior (formas visíveis, sons, odores, sabores e coisas concretas), além dos chamados *objetos mentais*, como as ideias e os pensamentos (*anamma͞yatana*). Conclui-se, então, que esse agregado compreende todo o reino da matéria, seja interna ou externa (Rahula, 2012).

Forma é começar a considerar que o corpo é um rio pelo qual devem fluir a respiração, o bem-estar, a serenidade, a paz e a compaixão.

- **2º agregado – sensações (vedana):** vamos imaginar que existe um rio dentro de nós, carregado de sensações e que cada gota desse rio é uma sensação. Quando estamos com raiva, podemos sentir nosso corpo ferver, a energia começar a se concentrar em uma espécie de fogo interno, e, aos poucos, temos a sensação de que estamos fervendo. O resultado de tudo isso é a emissão de palavras duras, de desejos cruéis e de ações difíceis.

> O segundo é o Agregado das Sensações (*vedanākkhandha*). Incluem-se neste grupo todas as nossas sensações, agradáveis, desagradáveis ou neutras, experienciadas mediante o contato dos órgãos físicos e mentais com o mundo externo. (Rahula, 2012)

Esse contato de nossos órgãos com o mundo externo pode ocorrer por meio de seis vias: olhos, com aquilo que é visível; ouvidos, com os sons; nariz, com os odores; língua, com os sabores; tato, com objetos concretos e da mente, que é considerada a sexta faculdade, com os pensamentos e as ideias (Rahula, 2012).

A sensação está em nosso corpo, em nossa mente e em nossas ações. É preciso perceber-se para eliminar cada uma delas, pois elas atrapalham a vivência da serenidade.

- **3º agregado – percepções (samjna):** quando percebemos algo, geralmente essa ideia é distorcida, porque temos também infinitas percepções dentro de nós, correndo como um rio, e devemos estar atentos a cada gota desse rio para poder nomear cada uma delas. Esse é o melhor meio para codificar e decodificar nosso interior diante de uma sensação desagradável. Assim, construímos uma espécie de mapa por meio do qual é possível libertar nossa mente da confusão mental.

A percepção é prática primordial no Budismo, pois nos equilibra pouco a pouco.

> **Preste atenção!**
>
> De acordo com Rahula (2012), no Budismo, a mente (*manas*) não está em oposição à matéria, como em outras religiões ou pensamentos filosóficos. A mente é a sexta faculdade, ou o sexto órgão (*manijḁ*). Ao passo que os olhos percebem as cores; os ouvidos, os sons; o nariz, os odores; o tato, as formas concretas; e a boca, os sabores, a mente percebe os pensamentos e as ideias. Estes não são independentes daquilo que é experienciado pelas outras cinco faculdades. Esses objetos mentais (pensamentos, ideias etc.) são, na verdade, condicionados pelos elementos sensíveis. Por exemplo: uma pessoa que tenha nascido cega não distingue as cores a não ser pela analogia com algo que pode ser percebido por alguma outra faculdade. Os objetos mentais também são condicionados pelas experiências físicas e sensíveis.

- **4º agregado – formações mentais (samskara):** para compreender uma formação mental, devemos prestar atenção em como elas se originam. Como exemplo, citamos a formação mental do medo: às vezes, estamos em casa sozinhos e, de repente, ouvimos um barulho estranho em alguma parte da casa; imediatamente começamos a imaginar que pode ser um ladrão. E mais, além de imaginarmos que há, de fato, um ladrão dentro de casa, começamos imediatamente a considerar que ele está chegando muito próximo de nós e que, além de nos roubar, ele vai nos fazer muito mal. Em seguida, a mente já tem pronta todas as imagens das quais precisa: as feições assustadoras do ladrão e as ações dele completamente desenhadas. Assim, somos jogados em uma confusão mental sem tamanho e, com isso, já perdemos nossa paz e nossa serenidade. Então, o Budismo orienta a prestar atenção nas formações mentais diárias, para que elas não roubem nossa paz.

- **5º agregado – consciência (vijnana)**: a palavra *consciência*, nesse contexto, refere-se à consciência armazenadora, àquilo que está por baixo de tudo o que somos e ao que sustenta tudo que buscamos. A consciência é uma espécie de *software* pelo qual passam todas as nossas emoções, sensações e percepções e, se elas estão turvas, logicamente, conceberemos tudo muito mais turvo ainda em torno a nós. Assim, o Budismo orienta que uma consciência precisa ser libertadora, e não o contrário.

Como já afirmamos, o desapego é a chave para a libertação do sofrimento. É válido mencionar que um dos fatores geradores do sofrimento é justamente o apego aos agregados, de maneira geral. Por isso, devemos observar esses agregados, tomar consciência deles e praticar a meditação no sentido de desapego.

2.6 Carma

Os ensinamentos de Buda deixaram claro que a maior tarefa da vida de cada pessoa é descobrir qual é seu trabalho, sua missão e seu ofício nesta encarnação, dedicando-se a isso diariamente. Significa que essa é a única chance que os seres têm de superar um carma, e, por isso, é preciso empenhar-se nessa tarefa.

> O propósito de compreender e acreditar no carma é impedir o sofrimento futuro e estabelecer o fundamento básico para o caminho à libertação e à iluminação. De modo geral, carma significa "ação". Das ações não virtuosas advêm sofrimento e das ações virtuosas surge felicidade: se acreditamos nisso, acreditamos no carma. Buda deu extensos ensinamentos que provam a verdade dessa afirmação e muitos exemplos diferentes que mostram a conexão especial entre as ações das nossas vidas anteriores e as nossas experiências nesta vida [...].

Em nossas vidas anteriores, executamos muitos tipos de ações não virtuosas que causaram sofrimento aos outros. Como resultado dessas ações não virtuosas, vários tipos de condições e situações de infortúnio surgem e vivenciamos sofrimentos e problemas humanos sem-fim. O mesmo acontece a todos os demais seres vivos.

Devemos avaliar se acreditamos, ou não, que a principal causa do sofrimento são as nossas ações não virtuosas e que a principal causa de felicidade são as nossas ações virtuosas. Se não acreditarmos nisso, nunca aplicaremos esforço em acumular ações virtuosas, ou mérito, e nunca purificaremos nossas ações não virtuosas; e, por causa disso, experienciaremos sofrimentos e dificuldades continuamente, vida após vida, sem-fim.

Toda ação que executamos deixa uma marca em nossa mente muito sutil, e cada marca finalmente dará origem ao seu próprio efeito. Nossa mente é como um campo, e executar ações é como semear nesse campo. Ações virtuosas plantam sementes de felicidade futura, e ações não virtuosas plantam sementes de sofrimento futuro. Essas sementes permanecem adormecidas em nossa mente até que as condições para o seu amadurecimento ocorram e, nesse momento, elas produzem seu efeito. Em alguns casos, isso pode acontecer muitas vidas depois que a ação original foi realizada. As sementes que amadurecem quando morremos são muito importantes, porque elas determinam qual o tipo de renascimento que teremos em nossa próxima vida. A semente que, em particular, amadurece na morte depende do estado da mente com o qual morremos. Se morrermos com uma mente pacífica, isso estimulará uma semente virtuosa e experienciaremos um renascimento afortunado. Entretanto, se morrermos com uma mente perturbada, como acontece num estado de raiva, isso estimulará uma semente não virtuosa e experienciaremos um renascimento desafortunado. Isso é semelhante ao modo como os pesadelos são provocados por estarmos com um estado mental agitado logo antes de adormecer.

Todas as ações inadequadas, incluindo matar, roubar, má conduta sexual, mentir, discurso divisor, discurso ofensivo, tagarelice, cobiça, maldade e sustentar visões errôneas, são ações não virtuosas. Quando abandonamos as ações não virtuosas e aplicamos esforço para purificar nossas ações não virtuosas anteriores, estamos praticando disciplina moral. Isso irá nos impedir de experienciar sofrimento futuro e de ter um renascimento inferior. (Gyatso, 2016, p. 40-42)

Os ensinamentos sobre o carma são claros: o que se fez aqui, paga-se aqui. Portanto, para o Budismo, tudo aquilo que os seres estão fazendo, bom ou mau, terá suas consequências, seus desdobramentos, e cedo ou tarde há de se deparar com eles; para isso, basta esperar e manter acessa a percepção que cada um terá diante do desdobramento cármico.

IMPORTANTE!
No Budismo, *carma* é uma ação-reação a que todos nós estamos sujeitos ao longo de infinitas reencarnações.

Para entender o que é carma em suas nuances, vamos atentar às 12 leis que regem uma situação cármica.

- **1ª primeira lei do carma – a grande lei**: você colherá aquilo que plantar. Se não está satisfeito com a colheita, mude o plantio. Entre todas, essa é a mais severas das leis do carma. Para o Budismo, não há meio termo na compreensão do que é carma, ou seja, ou o ser humano toma consciência do que se está desdobrando ou vai padecer eternamente, por infinitas vidas, do mesmo erro, da mesma dor.

- **2ª segunda lei do carma – lei da criação**: quando chegamos ao mundo, aqui já estavam as coisas que criamos por interdependência em outras vidas. Portanto, tudo aquilo que encontramos ao nosso redor são marcas do nosso passado, e tudo que encontraremos em nosso futuro serão as marcas do que estamos, neste momento, realizando. Assim, se gostamos do que temos, mantemos, se não gostamos, mudamos.
- **3ª lei do carma – lei da humildade**: para o Budismo, se só enxergamos nos outros os aspectos negativos, é porque ainda estamos em um nível sutil muito inferior de percepção e devemos mudar. Todas as pessoas querem ser felizes e têm condições para isso, então, devemos possibilitar que vejam nossa melhor parte, potencializando-a, e propiciar que os outros também vejam e potencializem as melhores partes de si próprios, para que, juntos, sejamos melhores. Na solidão, a felicidade é mais difícil.
- **4ª lei do carma – lei do crescimento**: somos nós que devemos mudar primeiro, e não o mundo à nossa volta. Se o mundo não está da forma como queremos, devemos transformar nosso mundo, ou seja, mudar tudo em nós para que, depois desse crescimento, possamos mudar, por amor e compaixão, o outro.
- **5ª lei do carma – lei da responsabilidade**: quando algo ruim acontece a nós ou à nossa volta, é necessário constatar o quanto somos responsáveis por aquele acontecimento. Por exemplo, se uma enchente nos incomoda, devemos observar por que acontecem enchentes e, daí em diante, começar um processo para eliminar as causas dos sofrimentos.
- **6ª lei do carma – a lei da conexão**: o presente, o passado e o futuro estão completamente conectados, ou seja, para o Budismo, o que é necessário para atingir a iluminação é nunca desconsiderar a interdependência das coisas, do tempo e das pessoas. Somos completamente conectados.

- **7ª lei do carma – a lei da abordagem**: não é possível pensar ou agir em duas coisas ao mesmo tempo. No Budismo, andamos passo a passo no caminho que escolhemos seguir.
- **8ª lei do carma – a lei da doação e da hospitalidade**: como o próprio nome diz, *aoar* é acreditar no amor. Para os budistas, o amor é uma forma sem medidas de compaixão. Essa forma de agir acaba levando uma pessoa a ser hospitaleira, a acolher, a oferecer, a receber o outro com amparo e afeto.
- **9ª lei do carma – a lei do aqui e agora**: não há negociação dessa lei no Budismo, ou seja, o que vale e o que importa é somente o momento presente. Mágoas do passado não levam à iluminação, tampouco a serenidade do passado, e bem-estar no futuro também não deixa ninguém feliz. O que interessa para os budistas é só o tempo presente.
- **10ª lei do carma – a lei da mudança**: a percepção deve ser atenta, pois nossa vida só vai mudar quando pararmos de repetir um padrão de comportamento. Quer dizer que nossa história se repetirá de tempo em tempo até que tenhamos aprendido aquilo que era preciso de aprender.
- **11ª lei do carma – a lei da paciência e da recompensa**: no Budismo, as recompensas ou os méritos são colheitas daquilo que um dia foi plantado no passado.
- **12ª lei do carma – a lei da importância e da inspiração**: a importância dos nossos feitos depende da intenção iluminada e do desejo auspicioso de beneficiar todos os seres. Então, as ações devem ser altruístas e nunca medíocres ou egoístas.

Diante desse contexto, ao analisarmos as leis que regem o carma, é possível verificar uma lógica no pensamento de que tudo aquilo que fazemos aqui, não importa o que, como e para quem, um dia será colhido. Para o Budismo, essas são as leis universais da vida e basta aguardar para receber aquilo que fora um dia realizado. Carma, então, é resultado, colheita, recebimento e desdobramento.

2.7 Renascimento

De forma geral, é comum que as pessoas confundam o conceito de *renascimento* do Budismo como o de *reencarnação* de outras doutrinas espíritas, embora sejam diferentes.

Consoante a doutrina budista, o *renascimento* é um ciclo incessante de nascimento e morte, chamado de *samsara*. A vida segue configurando-se como uma espécie de oportunidade para que, entre um ciclo e outro, possamos descobrir a razão da verdadeira felicidade, e assim, plenos de compaixão, atingir a iluminação. No entanto, como os seres têm suas limitações, seguem de renascimento em renascimento lutando para encontrar esse caminho.

Importante!

No Budismo, o ciclo de renascimento e morte pode ser transcendido, ou vencido, com a prática do nobre caminho óctuplo, que é uma espécie de receita para a lucidez e a paz.

Como os seres tendem a ser limitados em sua sabedoria, por confusão mental ou outros fatores, seguem reforçando os ciclos por incontáveis vidas.

Outra questão relevante é que, para alguns instrutores budistas atuais, das doutrinas de *anatta* (não eu) e *anicca* (impermanência), reencarnação é um conceito considerado incompatível com o ensinamento budista. No entanto, essa é uma pequena confusão relativa à essência desses termos.

Para o Budismo, somos uma junção de apego e ego, ambos impeditivos de lucidez. O renascimento (ou emanação) é, em vez disso, uma herança de agregados impermanentes, não de uma verdadeira identidade permanente.

Note-se que o conceito do *não eu* (*anatta*) não significa que o indivíduo seja inexistente, mas sim que deve renunciar ao apego, àquilo que psicologicamente se considera como "eu" e "meu", que são condições de identidades – e todas as identidades, no Budismo, podem ser abandonadas.

Preste atenção!

Vale relembrar que identidades são formas, ou formatos, que usamos como uma espécie de filtro para entender ou absorver o mundo. A identidade usada de maneira rígida pode levar uma pessoa a ver o mundo sempre do mesmo ângulo, da mesma maneira e com o mesmo limite, e isso leva ao sofrimento. O mundo é móvel, as coisas são impermanentes e, por isso, há de se buscar e desejar a liberdade, não se prender a uma identidade.

Nesse sentido, o renascimento pode acontecer em vida, ou seja, não é necessário que um corpo morra para que se possa renascer. Trata-se de um conceito muito sutil, mas que aborda na essência as mortes das velhas identidades. Por exemplo, quando nos casamos, temos de deixar morrer nossa identidade de solteiros, e isso é liberdade, é um abrir mão daquilo que serviu por um tempo, mas que não pode ser carregado pela vida inteira. No entanto, o contrário disso também pode acontecer, que é o apego à identidade. Portanto, quando alguém está casado, com filhos e cônjuge, mas ainda está apegado a viver as dimensões da vida de solteiro, inevitavelmente, terá problemas por conta da identidade que não morreu.

Nesse sentido, temos, sim, identidades, mas não devemos considerá-las imutáveis. Deixá-las ir e abraçar nossas novas formas é renascimento.

2.8 A originação interdependente: os 12 elos

Os 12 elos de originação interdependente, também chamados *12 elos da originação dependente*, constituem um importante ensinamento do Budismo, sobretudo do Budismo tibetano.

> Quando o Buda sentou sob a árvore Bodhi, após seis anos na floresta, ele já estava consciente da confusão a que todos os seres estão submetidos. Porém, ele ainda se fez essa pergunta: de onde surge essa confusão? A partir de qual processo os seres chegam a tal tipo de confusão e sofrimento?
>
> Ao mesmo tempo em que ele se perguntou, a resposta surgiu na sua mente. Ele viu os Doze Elos da Originação Dependente e viu que é a partir deles que a confusão é armada. Porém, ao mesmo tempo, ele viu que todos os seres são livres dessa confusão. Há a possibilidade de liberarmos fazendo o caminho inverso, do décimo segundo elo ao primeiro, mas também podemos nos liberar dentro de cada um dos elos, de forma direta. (CEBB, 2019a)

Nesses ensinamentos, fica clara a ideia de que o sofrimento e a felicidade estão relacionados. São os 12 elos que possibilitam uma perfeita compreensão sobre as dimensões mentais nas quais os seres prendem suas mentes e de lá não conseguem mais sair. De acordo com o Lama Padma Samten (citado por CEBB, 2019b),

> Durante a vida, temos a sensação de sermos um pouco como equilibristas em um circo, muitos pratos girando. De vez em quando cai um, mas conseguimos desenvolver bem essa habilidade. Quando

o prato de uma ponta está quase caindo, corremos, o endireitamos e voltamos para os outros pratos, e assim vamos. Quando estamos imersos nesse processo, não conseguimos determinar como tudo começou. Também não entendemos em que direção isso vai. Não queremos que tudo se repita, mas tudo segue girando, independente da nossa vontade. (...) O Buda passou a manhã seguinte a sua completa liberação analisando como os seres, apesar de manifestarem a natureza divina, ficam presos [no ciclo de mortes e renascimentos]. Ele, então, percebeu que essa experiência é montada através de doze etapas. Essas etapas são sucessivas, causais, uma serve de substrato para a próxima. Trata-se de um processo encadeado, no qual nos enroscamos progressivamente até a sensação de sofrimento. Não importa qual a categoria de sofrimento, o processo é sempre o mesmo: nós vamos tomando bases sucessivas, estamos em uma base, olhamos as coisas de certo jeito e estruturamos uma nova base. A partir dessa nova base, temos uma sucessão de experiências e estruturamos a base seguinte. Esse procedimento vai indo sucessivamente e tem doze etapas, que também chamamos de elos ou shadayatanas. Por outro lado, da mesma forma que essas bases podem ser montadas, também podem ser desmontadas, revertidas. O Buda caminhou mentalmente do primeiro ao décimo segundo elo, e retornou do décimo segundo ao primeiro. Ele percebeu, então, que nós construímos as experiências caminhando em uma direção, e as desmontamos, dissolvemos, na direção oposta.

Não por acaso, o primeiro elo é justamente o da cegueira. Cego ninguém consegue ver a verdade, e a verdade é lucidez, serenidade e compaixão por todos os seres. O fato de o primeiro dos 12 elos ser o da cegueira, representada por uma figura cujos olhos foram furados por uma flecha, faz com que, daí em diante, o ser não consiga mais perceber o sofrimento, o *samsara*. A superação da cegueira seria então o começo da prática de lucidez e de liberdade. Vejamos a seguir cada um dos 12 elos da originação interdependente (Lama Padma Samten, 2010):

- **1º elo – ignorância**: também conhecido como *cegueira*, ou *avydia*. Trata-se de um tipo específico de ignorância mental em que a pessoa tende a criar ações que lhe causarão sofrimento – é uma espécie de agarramento, um apego do qual a pessoa não consegue se livrar: é o *samsara*. Para sair dessa ignorância, a pessoa precisa enxergar a verdadeira natureza dos fenômenos e a liberdade da mente.
- **2º elo – marcas mentais**: também conhecido como *sanskaras*, é o resultado do elo anterior, ou seja, a partir do momento que temos uma cegueira, nossa mente começa a criar uma marca, uma espécie de carma começa a ser gerado e se desdobrará por infinitas vidas. O efeito disso é uma projeção que vai arremessar a pessoa por muitos renascimentos samsáricos e, por isso, recebe o nome de *marcas mentais*, que serão a causa dos sofrimentos dali em diante. Os renascimentos nos reinos superiores e os renascimentos nos reinos inferiores estarão determinados também por tais marcas.
- **3º elo – consciência** (inconsciente coletivo): também conhecido com *vinana*, é o elo relativo a um tipo muito sutil de consciência, que recebe a marca da ação de composição interdependente (2º elo). É esse o elo de composição ao qual a marca, depois de ter sido gerada, permanecerá constantemente atrelada. Um exemplo dessa ação é um roubo, ou seja, a marca que um ladrão faz no momento do roubo. Depois de fazer a marca na consciência, ela vai determinar uma série de outras ações não virtuosas. Essas marcas vão permanecer em *alay-avinana*, que é um continuar eterno da consciência marcada até gerar uma espécie de semente, que acabará por dar origem a um novo nascimento em *samsara*.

- **4º elo – nome e forma** (corpo, identidade): também conhecido como *nama-rupa*, é constituído, segundo os mestres budistas, no momento do nascimento. Na concepção do óvulo, que é a composição física do ser, a consciência já ingressa no útero da mãe. Naquele momento, os agregados já se fazem presentes e são eles que darão origem à forma, à identidade, à percepção e à base de quem será e de como será a pessoa. Inclusive os seres sem forma são definidos nesse momento.
- **5º elo – fontes** (faculdades sensoriais): também conhecido como *sadayatana*, é o elo que representa as cinco faculdades sensoriais e mentais logo depois da concepção (entendida como o momento embrionário do ser humano). No caso de a pessoa estar em um renascimento humano, trata-se do tato, da visão, da audição, do olfato e da gustação. Esses sensoriais também são determinados pelas marcas anteriormente definidas.
- **6º elo – contato** (encontro entre objeto, fontes e consciência): também conhecido como *sparsa*, é o elo do contato, compreendido como um fator mental que pode acompanhar a pessoa em cada momento desde a sua concepção. Esse acompanhamento já vem definido pelas marcas causadas ou recebidas no segundo e no terceiro elos.
- **7º elo – sensação** (sensação mental de agradável ou desagradável): também conhecido como *vedana*, esse elo tem uma operacionalidade muito específica, que é classificar o que é agradável e o que é desagradável. Com base nessas caracterizações, o ser determina que quer ficar somente com o que gosta e fugir daquilo de que não gosta. Essa sensação acontecerá eternamente na vida da pessoa, já que, a todo momento, quando conhecer um objeto, esses registros iniciais do gostar e do não gostar imediatamente virão à mente dela. Esse elo poderá gerar um

infindável sofrimento, uma constante insatisfação, e o fim desse fluxo pode ser obtido pela prática da meditação.

- **8º elo – anseio** (apego, desejo): também conhecido como *tanha*, o oitavo elo é uma forma muito característica de apego, isto é, de gosto, de aprisionamento naquilo que desperta a energia do gostar. Essa condição deixa na mente um precedente de apego, e o resultado disso é um eterno reproduzir. A pessoa desenvolve um forte apego ao "eu", ao ego, que é uma forma de cegueira ligada à posse.
- **9º elo – dependência:** também conhecido como *upaaana*, é um tipo claro de apego, mas com força total, mais intenso, mais forte e mais determinado. Nesse tipo de apego, como o vício em cigarro ou em drogas, há uma intensificação total do desejo, e ele acabará por conduzir a mente, o corpo e todas as ações de maneira muito forte. Nesse elo, há um aprofundamento do desejo e da insatisfação, o que desencadeia ainda mais anseio e desejo, gerando carência.
- **10º elo – existência:** também conhecido como *bnava*, é o elo da ação mental causada pelos dois elos anteriores, que determinará um novo nascimento, uma nova existência cíclica, na qual a pessoa jura que é o cigarro ou a droga que consome. Intenção, em geral, é uma ação mental e sua natureza determina se a mente é virtuosa ou não. Se o fator mental *intenção* for virtuoso, a mente que o acompanha, com certeza, será virtuosa; o inverso ocorre no caso de um fator mental não virtuoso. Esse é o elo da delusão.
- **11º elo – nascimento:** também conhecido como *jati*, esse elo se refere ao exato momento em que uma nova consciência ingressa em uma nova existência, ou seja, em um novo renascimento, determinando o que aquele ser será dali em diante.
- **12º elo – morte:** também conhecido como *jaramarana*, é o segundo instante do novo renascimento, após o indivíduo ter

passando pelo envelhecimento e, em seguida, pela decrepitude até que chegue o momento da próxima morte, dando ensejo a um novo processo de morrer.

Usualmente, os 12 elos são representados pela chamada *roda da vida*, *roda da dor* ou *roda do sofrimento*, muito comum nas tradições de budismo tibetano. Nela, no fundo está o **Maharaja**, o senhor dono do sofrimento, aquele que faz a roda girar no seu prazer, prendendo a pessoa eternamente em um ciclo de sofrimento e dor.

FIGURA 2.3 – Roda da vida

Os 12 elos referem-se ao modo como nos mantemos presos eternamente aos ciclos de reprodução de um *samsara* que nunca se esgota, ou seja, ao sofrimento. Para sair desse ciclo fechado e pré-determinado, o Budismo indica o exercício da meditação, que é a prática da lucidez e da liberdade.

2.9 Nirvana

O Nirvana é o ponto alto da doutrina budista, pois trata-se do estado de libertação espiritual no qual todos os seres humanos podem tomar parte.

O termo *Nirvana* tem origem no sânscrito e alguns mestres o traduzem como um estado de "extinção", no sentido de finalização, dos eternos ciclos samsáricos de sofrimento. No entanto, a extinção não se refere à mente, à alma ou ao corpo físico, mas ao fim de um eterno ciclo de reprodução de sofrimento e de seus desdobramentos. Denomina-se de *Nirvana* o fim desse processo.

O Nirvana é fundamental na doutrina budista porque, por meio dele, coloca-se um fim no carma, no sentido mais amplo, uma vez que o carma de cada um é extinto no momento do Nirvana.

> **IMPORTANTE!**
>
> Nirvana é considerado a última etapa do praticante do Budismo, até chegar ao estado de graça eterna, felicidade pura e amor absoluto.
>
> > Um dos temas fundamentais da doutrina budista, em sentido mais amplo, nirvana indica um estado eterno de graça. Também é visto por alguns como uma forma de superação do karma. É uma renúncia ao apego material que não eleva o espírito e apenas traz sofrimento. Através da meditação se consegue percorrer os passos fundamentais para chegar ao nirvana, considerado como a última etapa a alcançar pelos praticantes da religião.

> Nirvana é utilizado num sentido mais geral para designar alguém que está num estado de plenitude e paz interior, sem se deixar afetar por influências externas. Também se emprega com o sentido de aniquilamento de certos traços negativos da própria personalidade, porque a pessoa consegue se livrar de tormentos como orgulho, ódio, inveja ou egoísmo, sentimentos que afligem o ser humano impedindo-o de viver em paz. (Significados, 2019)

Em essência, Nirvana significa o estado de libertação atingido pelo ser humano ao percorrer sua busca espiritual.

De acordo com a doutrina budista, o Nirvana é:

- a condição plena de que as pessoas precisam para renunciar ao apego material;
- o meio pelo qual as pessoas estariam elevadas suficientemente para não mais se apegar ao gosto e não mais terem o sofrimento da delusão, da escolha e do *samsara*;
- o estado de lucidez plena, a capacidade de superar $av_y dia$, a cegueira pela qual entramos nos 12 elos interdependentes;
- o aniquilamento de certos traços negativos da roda da vida, refletidos na personalidade que a pessoa carregou durante aquela encarnação ou durante as últimas encarnações;
- o fim do orgulho, da raiva, do ódio, da inveja e do egoísmo, sentimentos que prendem as pessoas ao estado samsárico e as impedem de sair dele;
- a conquista da paz e da consciência de que o sofrimento é uma construção e, sobretudo, do que é a razão da verdadeira felicidade;
- a capacidade de não se prender mais ao que é material, às identidades, motivos de inúmeros sofrimentos, e também aos sentimentos que impedem o ver claro e amoroso;

- o poder de livrar a mente de enganos e de sentimentos e ações negativas que tanto fazem mal (ao sujeito e ao grupo social ao redor dele);
- o estado de extinção total de tudo aquilo que não se conflui em paz, serenidade, equilíbrio constante e lucidez;
- a superação do ego e o encontro com o verdadeiro eu.

Vale ressaltar que, no Budismo, tudo é interdependente, e essa condição deve ser sempre lembrada. Devemos estar bem para fazer o bem, devemos estar lúcidos para portar a lucidez, devemos estar em paz para trazer e levar a paz. E esse é o caminho que conduz o praticante ao estado de Nirvana. Em um momento de raiva, por exemplo, a pessoa que está no caminho da prática budista deve pensar: eu não sou a raiva do outro, ele não pode me derrubar com a raiva dele. Mais importante do que a raiva dele é a maneira como eu vou reagir à raiva dele.

Para o Budismo, a maneira mais nobre e rápida de se atingir o Nirvana é a prática da meditação.

2.10 Sanga

No Budismo, há três valores máximos: o Buda, o Darma e a Sanga. Desse modo, para os verdadeiros praticantes do Budismo, a Sanga é uma das maiores graças. Trata-se de uma reunião de pessoas comuns em torno de um Darma, isto é, de um conjunto de ensinamentos budistas.

Buda afirmou, em vida, que o sal é o elemento que une todos os oceanos. Assim, não importa de qual oceano venha a água, ela terá um elemento em comum com a água de qualquer outro mar: o sal – a mesma substância que São Mateus, na tradição católica, menciona em seus textos. O sal parece mesmo representar um importante elemento nas tradições religiosas, visto que dá sabor aos alimentos e também une a vida.

A Sanga, no Budismo, é exatamente assim, há um elemento, um "sal", que une todos os praticantes em torno de um Darma, e esse elemento é o "tempero" que cada um pode trazer para o grupo de praticantes e deixar para eles.

Normalmente, para as tradições mais antigas do Budismo, as Sangas são compostas de monges, monjas, leigos e leigas, entretanto, há tradições que consideram os pássaros, as árvores, as águas e outros elementos como parte de uma Sanga. Portanto, a ideia de Sanga vai se ampliando até concluirmos que ela é, de fato, um grupo de seres em torno de uma possibilidade: a felicidade.

Segundo as tradições, a Sanga, não deve ser vista como meio para esquivar-se das responsabilidades, isto é, os mestres costumam dizer que os budistas não devem usar as Sangas para fugir do mundo, tomar parte nelas só para meditar e ficar em paz, refugiados do mundo exterior. A Sanga é o lugar de prática, aonde todos podem levar o sal para as práticas diárias e de onde esse mesmo sal pode ser trazido para que circule pelo mundo real.

Na Sanga, pratica-se a consciência, o entendimento, a lucidez e o amor vindo da compaixão. Pratica-se a razão da verdadeira felicidade e, portanto, é onde o praticante tem a possibilidade de ver a si mesmo dentro da cegueira, o primeiro dos 12 elos da originação interdependente. É na Sanga que o praticante budista recebe os ensinamentos para superar as cegueiras e é desse momento que o praticante deve fortalecer-se para a prática diária. A prática é, portanto, fazer nascer e crescer algumas raízes de amor e de serenidade na Sanga para que, depois de sair dela, o praticante possa regá-las e cultivá-las até que elas se transformem em grandes árvores frutíferas. É o lugar de semeaduras das doutrinas e dos ensinamentos do Budismo.

2.11 Principais escolas do Budismo

Para compreender o Budismo no mundo, é preciso levar em conta que se trata de uma tradição múltipla.

A primeira grande divisão do Budismo, ou de seus praticantes, de que se tem registro na história teria acontecido por volta de 500 ou 400 anos antes de Cristo. Naquela época, segundo consta em textos históricos, surgiram as divergências iniciais entre os praticantes e, então, foi criado um grupo denominado *sthavira* (sânscrito: "ensinamento dos mais velhos"; em páli, a palavra correspondente é *teravada*) e o grupo *mahāsā* ("grande sangha", já que eram a maioria). De acordo com Mircea (2016), as três principais correntes do Budismo atualmente são:

- Budismo *hinayano* (*teravada*): é a tradição mais antiga e que conserva muito da prática inicial do Budismo. Muitos consideram que o *teravada* seja a forma mais antiga de Budismo pelo mundo tanto no que se refere aos ensinamentos quanto ao que se refere aos rituais. É uma tradição muito forte no Camboja, na Indonésia e na Tailândia. No Brasil, embora já possamos encontrar alguns adeptos, o grupo de praticantes ainda é pequeno.
- Budismo *mahayano*: é a escola mais comum que se pode encontrar em países como Índia, China e Tibet. Essa tradição budista teria sido uma das divisões do Budismo inicial. Uma das grandes diferenças dessa tradição em relação a outras é a peculiaridade de terem mais reverência e louvores para com os diferentes budas, além da quantidade considerável de sutras, os chamados *sutras mahayanos*. É considerado *mahayano* aquele que busca a iluminação para beneficiar todos os outros seres.
- Budismo *vajrayano*: essa tradição é um braço originado do budismo *mahayano*, que, acredita-se, surgiu por volta do século IV. Suas escrituras são denominada *stantra*, por isso, essa tradição é

chamada de *budismo tântrico*. Entre suas características principais está a utilização em massa de diversos mantras e a visualização de mandalas. Outro traço muito comum nessa tradição é o culto às deidades. Atualmente, é considerada a linhagem ou a tradição mais forte no Tibet, terra de Sua Santidade, o Dalai Lama.

As diferenças entre escolas foram intensificando-se à medida que a tradição budista espalhou-se por diferentes países, chegando a diferentes povos e culturas. Novas e intensas divergências também surgiram quando o Budismo chegou ao Ocidente. Isso porque no Oriente, por mais diferentes que fossem, as escolas budistas tinham uma tradição própria, que acabou dissipando-se, sobretudo ao chegar à América. Assim, embora os pilares de sustentação dos 84 mil ensinamentos deixados por Buda se mantenham muito fortes, devemos considerar que, desde então, muito foi agregado a esses ensinamentos.

No que se refere especificamente ao Brasil, é muito provável que o Budismo tenha chegado ao país com a imigração japonesa, durante as duas grandes guerras mundiais. As práticas do Budismo aos poucos foram se moldando à cultura brasileira e latina – nada fácil para uma tradição que prega o rigor e a verdade dos ensinamentos, sem negociações, exatamente o contrário da cultura brasileira (Mircea, 2016). A seguir, vejamos alguns fatos relevantes na disseminação do Budismo no Brasil:

- O budismo *nitiren* foi amplamente difundido entre a comunidade japonesa e, em seguida, outras tradições espalharam-se.
- As escolas *teravada kadampa*, *soto zen*, e *vajrayana* também foram chegando e, aos poucos, surgiram os primeiros templos budistas em terras brasileiras, como o Templo de Padmasambava, de Três Coroas, no Rio Grande do Sul, que foi construído ainda

em vida por um dos difusores do Budismo tibetano no Brasil, Chagdud Tulku Rinpoche.
- Mais tarde foi edificado o Templo Zu Lai, o maior templo budista do Brasil, de tradição chinesa, erguido em Cotia, no interior de São Paulo, onde já esteve, inclusive, sua Santidade, o Dalai Lama.
- Há, ainda, a tradição do budismo *zen*, em São Paulo, hoje liderado pela Monja Coen, a mais conhecida monja do Budismo no Brasil.

O Budismo segue desenvolvendo-se, principalmente entre os jovens que buscam, em suas práticas, uma forma de pensamento um tanto diferente daquela costumeiramente encontrada nas outras tradições religiosas. Palavras como *gratidão*, muito usada no Budismo, começaram a ganhar espaço nas redes sociais, e isso é uma demonstração de que essa doutrina segue seu caminho no Brasil.

A expansão do Budismo está relacionada também a outro aspecto dessa religião, que diz respeito à sua ligação com os valores da terra, da natureza, do ecossistema, da preservação e da interdependência dos seres. Com isso, o Budismo acaba chegando bem próximo daqueles que já têm essa consciência sobre a vida e o viver em comunidade.

Síntese

Seria impossível analisar minuciosamente, nesta obra, cada um dos 84 mil ensinamentos deixados por Buda. Por isso, com foco em um entendimento geral acerca das questões centrais da tradição budista, selecionamos os preceitos que julgamos mais pertinentes para este momento.

Iniciamos pela abordagem das quatro nobres verdades (todo mundo está imerso no sofrimento, todo sofrimento tem uma causa, todo sofrimento tem um fim, toda iluminação é atingida por meio da prática do nobre caminho óctuplo). Assim, esclarecemos cada uma dessas quatro verdades centrais deixadas por Buda, definimos o que podemos entender como sofrimento e as formas possíveis de superá-lo. Logo depois, passamos a tratar do nobre caminho óctuplo propriamente dito, também chamado de *caminho do meio*, que é elemento central dos estudos budistas.

Evidenciamos que o nobre caminho óctuplo é o guia para a iluminação, as ações meditativas por meio das quais podemos perceber as causas do sofrimento e nos libertar. Esses ensinamentos são: visão correta, intenção correta, fala correta, ação correta, viver de forma correta, esforço correto, atenção correta, concentração correta.

Com a prática do nobre caminho óctuplo, é imprescindível compreender algumas lições do Budismo, como a compaixão por todos os seres e a interdependência de todas as coisas, pois são os meios pelos quais passamos a desfocar de nós mesmos e a olhar o outro com uma visão ampla de lucidez, de amor, e não de julgamento.

Na sequência, examinamos os cinco agregados, que são, em termos gerais, os aspectos que constituem o ser (natureza, sociedade, mente, corpo e consciência), destacando como o apego a eles pode conduzir ao caminho do sofrimento e ao carma – que também definimos, além de tratar de cada uma de suas 12 leis.

Analisamos, ainda, o conceito de *renascimento*, entendendo que ele não ocorre apenas quando morremos e renascemos em outra forma, podendo acontecer, inclusive, quando abrimos mão de certas identidades que não nos servem mais.

Para finalizar, avaliamos os 12 elos da originação interdependente (ignorância, marcas mentais, consciência, nome e forma, fontes, contato, sensação, anseio, dependência, existência, nascimento e morte), bem como os conceitos de *Nirvana*, de *Sanga* e as principais escolas de Budismo.

Indicação cultural

TRUNGPA, C. **As 4 nobres verdades do Budismo e o caminho da libertação.** São Paulo: Cultrix, 2013.

Nesse livro, Chögyam Trungpa faz uma análise sobre as quatro nobres verdades, que, como vimos, são ensinamentos de Buda a partir dos quais se desenvolvem todos os ensinamentos budistas subsequentes. O autor analisa a relevância desses ensinamentos e da leitura deles contemporaneamente.

Luz, câmera, reflexão

PRIMAVERA, VERÃO, OUTONO, INVERNO E... PRIMAVERA. Direção: Kin Ki Duk. Coreia do Sul: ImDb, 2003. 103 min.

Nesse filme, o diretor Kin Ki Duk faz uma analogia entre as quatro estações e o ciclo da vida, do apego, dos desejos, dos sofrimentos e das paixões. A metáfora da continuidade e resiliência também está muito presente na obra, de modo que o diretor procura mostrar como cada personagem é criador de suas próprias histórias, seus sofrimentos, seus dramas e suas superações, além de ser responsável por esses elementos. Com isso, o filme consegue expressar também uma parte da filosofia budista.

Atividades de autoavaliação

1. Sobre as quatro nobres verdades, analise as afirmativas a seguir e indique V para as verdadeiras e F para as falsas.

    [ ] De acordo com os ensinamentos budistas, a felicidade só pode ser espontânea, sem controle, e as próprias causas da felicidade não espontânea são, na verdade, sofrimento. Isso está descrito na segunda nobre verdade.

    [ ] Existe uma paisagem e uma identidade que validam o sofrimento e, portanto, suas causas. Quando os seres percebem essas paisagens e essas causas e iniciam a prática de

meditação e de estudos para compreender tais condições, podem chegar à compreensão de que tudo isso não passa de uma delusão e que, portanto, pode ser deixado de lado. Isso está descrito na terceira nobre verdade.

[ ] A quarta nobre verdade aponta para o início da prática orientada por Buda, que é a prática do nobre caminho óctuplo.

[ ] O sofrimento é um dos pilares a serem compreendidos e superados pela prática budista, e é na primeira nobre verdade que o identificamos: todos os seres estão imersos em sofrimento.

Agora, assinale a alternativa que corresponde à sequência correta:

A] V, F, V, V.
B] V, V, F, V.
C] V, V, V, V.
D] V, V, V, F.
E] F, F, F, F.

2. Sobre o nobre caminho óctuplo, assinale a afirmativa **incorreta**:
   A] Os budistas consideram o caminho óctuplo como os passos para viver no caminho do meio.
   B] Visão correta é ver o outro como um ser que também quer ser feliz e livrar-se do sofrimento e, portanto, trata-se de uma visão de compaixão, de dedicar-se ao outro, de viver pelo outro e com o outro de forma total.
   C] O Budismo demanda atenção às ações da fala. Como falar inutilmente, falar demais, falar tolices, levar e trazer desavenças por meio da fala são grandes geradores de carma negativo, devemos nos preocupar com isso. Trata-se do passo da fala correta.

D] No passo da ação correta, qualquer que seja seu movimento em direção ao outro ou do outro em sua direção, nunca se deve dar relevância à maneira como o outro recebe nossas ações.

E] O caminho do meio é a chave para expandir a mente, para ter um coração compassivo e serenidade.

3. Sobre a compaixão por todos os seres, analise as afirmativas a seguir.

   I. Não devemos distinguir a nossa liberdade e a nossa felicidade das dos outros, pois, nos dois casos, ambas são iguais e igualmente importantes, sem sobreposições.

   II. Devemos praticar o desejo sincero de que todos os seres vivos sejam felizes, devemos considerar que todos têm o direito à vida.

   III. O poder da compaixão está além do sofrimento pessoal e está focado em soluções, isto é, naquilo que pode ser feito.

   IV. Ao apreciarmos as pessoas, considerando a felicidade e a liberdade delas como importantes, consequentemente praticaremos ações virtuosas, altruístas, em prol de fazer o bem ao próximo.

   V. Devemos estar amplamente abertos a cuidar dos outros tanto quanto cuidamos de nós mesmos.

   Agora, assinale a alternativa que apresenta apenas itens verdadeiros:

   A] I e III.
   B] II e III.
   C] II, III e V.
   D] I e IV.
   E] I, II, III, IV e V.

4. Sobre as leis do carma, assinale a alternativa correta:
   A] Para o Budismo, não há meio termo na compreensão do que é carma, ou seja, ou o ser humano toma consciência do que está se desdobrando ou vai padecer eternamente, por infinitas vidas, do mesmo erro, da mesma dor.
   B] Nada do que encontramos ao nosso redor são marcas do nosso passado, pois tudo o que importa é o momento presente e, portanto, tudo que encontraremos em nosso futuro serão as marcas do que, naquele momento, for o presente.
   C] Temos responsabilidade de ver nossa melhor parte e potencializá-la, assim como cada ser tem essa responsabilidade, que não cabe a ninguém mais.
   D] Nossa história jamais se repetirá, por isso, devemos aprender o que tivermos de aprender no momento presente.
   E] Para o Budismo, embora não exista meio termo na compreensão do que é carma, os seres humanos devem ter a consciência de que o carma dessa vida, a dor dessa vida, permanecerão aqui quando esta chegar ao fim.

5. Assinale a afirmativa **incorreta**:
   A] Nirvana é considerado a última etapa do praticante do Budismo, até chegar ao estado de graça eterna, felicidade pura e amor absoluto.
   B] Os 12 elos da originação interdependente referem-se ao modo como nos mantemos presos eternamente aos ciclos de reprodução de um *samsara*, que nunca se esgota, ou seja, ao sofrimento.
   C] Para o Budismo, o renascimento pode acontecer em vida e, portanto, não é necessário que um corpo morra para que o ser possa renascer.

D] A primeira grande divisão do Budismo de que se tem registro na história aconteceu logo após a Revolução Industrial, quando o Budismo começou a ganhar adeptos no Ocidente.

E] Os cinco agregados são, em termos gerais, os aspectos que constituem o ser (natureza, sociedade, mente, corpo e consciência).

Atividades de aprendizagem

Questões para reflexão

1. Qual dos oito passos do nobre caminho óctuplo você considera o mais importante, mais significativo para você? Por quê?
2. No dia a dia, quais ações de autopoliciamento podemos realizar para praticar o amor incomensurável? Quais ações precisam ser mudadas?

Atividade aplicada: prática

1. O momento presente é o único momento que importa, de acordo com a tradição budista, porque é só no presente que podemos escolher nossos atos e ordenar nosso pensamento. Durante 15 dias, faça um diário de anotações marcando cada vez que sua mente te levar para o passado (pensando em coisas que não podem ser mais mudadas) e para o futuro (antecipando ações com ansiedade). Exercite, durante esse tempo, a volta para o momento presente e anote suas impressões sobre essa prática.

A MEDITAÇÃO
E O BUDISMO

Há muitas práticas de meditação no Budismo e, embora todas elas estejam voltadas para um único centro, existem algumas diferenças pontuais entre elas. Portanto, nem toda meditação budista é igual, elas podem variar muito até na execução. Por exemplo, o *kinhin* é um tipo de meditação cuja prática se faz caminhando.

O mais comum quando se fala em meditação é que as pessoas imaginem um monge budista sentado em uma almofada (*zafu*), mas a realidade, dependendo do tipo de prática escolhida, pode ser bem diferente disso. Por isso, neste capítulo, analisaremos o conceito de meditação e, mais especificamente, explicaremos a meditação *zen*.

3.1 O que é meditação?

No Budismo, existem diferentes práticas de meditações. Há aquela que se faz andando e a que se pratica sentado, há aquela em que os olhos são mantidos abertos e há meditações de olhos fechados, há meditações muito rápidas e outras muito demoradas, há meditações com condução do professor e aquelas em que o praticante se autoconduz. Esses vários modos possibilitam que os mais diferentes tipos de pessoas, com as mais diversas necessidades, ingressem nessa prática.

No entanto, é comum que, entre os indivíduos que ainda não são praticantes da meditação, existam dúvidas acerca do que realmente significa meditar. É deixar a mente vazia? É pensar nas coisas amplamente? É deixar os pensamentos correrem como águas de um rio? Todas essas questões são realmente pertinentes, sobretudo para que o ingresso na prática seja sério. De acordo com Osho (2002, p. 4),

> Dizer alguma coisa sobre meditação é uma contradição. Meditação é algo que você pode ter, que você pode ser, mas por sua própria natureza não é possível dizer o que ela é. Ainda assim, diversos esforços foram feitos para falar sobre meditação. Se apenas um conhecimento fragmentado e parcial for possível a partir dessas tentativas, já é muito. Ainda que parcial, essa compreensão pode se tornar uma semente. Isto depende muito de como você ouvir: se apenas escutar as palavras, sem prestar atenção, então nem mesmo um fragmento chegará até você. Mas se você ouvir atentamente, compreenderá. Escutar é mecânico: qualquer animal que possua ouvidos consegue escutar. Ouvir e compreender, contudo, significa que, enquanto você está escutando, toda sua atenção estará centrada nisso. Aquilo que for dito chegará até você. Sua mente não deve interferir: ouça sem interpretar, sem preconceitos, sem interferência de outras coisas que estejam, nesse momento, passando dentro de você, pois tudo isso é distorção. [...]
>
> Primeiro tente entender a palavra "meditação". Essa não é a palavra mais adequada para o estado que um verdadeiro aprendiz está procurando, por isso quero falar a respeito de determinadas palavras. Em sânscrito, temos uma palavra especial para meditação: dhyana. Essa palavra não tem paralelo em nenhum outro idioma, não pode ser traduzida. Há dois mil anos é dito que ela

não pode ser traduzida pela simples razão que em nenhum outro idioma as pessoas experimentam o estado que ela denota. Por isso estes idiomas não possuem essa palavra.

Por sua vez, Gyatso (2016, p. 24-25) define *meditação* da seguinte maneira:

> Meditação é uma ação mental cuja natureza é ser uma concentração estritamente focada e que faz com que a mente se torne pacífica e calma – essa é a função da meditação. Queremos ser felizes o tempo todo, inclusive durante nossos sonhos. Como podemos realizar esse desejo? Podemos realizá-lo através do treino da meditação, pois a meditação faz com que a nossa mente se torne pacífica, e quando nossa mente está em paz, somos felizes o tempo todo, mesmo que nossas condições exteriores sejam pobres ou desfavoráveis. Por outro lado, quando nossa mente não está em paz, não nos sentimos felizes, mesmo que as condições exteriores sejam excelentes. Podemos compreender isso por meio de nossa própria experiência. Visto que o método verdadeiro para fazer com que a nossa mente se torne calma, pacífica, é o treino da meditação, devemos aplicar esforço para treinar meditação. Sempre que meditamos, estamos fazendo uma ação, ou carma, que fará com que experienciemos paz mental no futuro. A partir dessa explicação, podemos compreender a importância da prática da meditação. Os objetos de nossa meditação precisam ser objetos significativos [...], de modo que, pelo treino da meditação, possamos nos libertar permanentemente de todos os sofrimentos desta vida e das nossas incontáveis vidas futuras, alcançando assim a felicidade suprema da iluminação, da mesma maneira que Buda o fez e demonstrou. O exemplo de Buda é o melhor exemplo para nós.

Então, é possível afirmar que *meditação* é uma ação mental poderosa por meio da qual podemos desenvolver, colocar em prática, os ensinamentos budistas (estudados no Capítulo 2 desta obra). É a maneira por meio da qual treinamos nossa mente para ver o mundo com olhos lúcidos, pacíficos e amorosos. Trata-se de um treinamento mental para nos libertarmos dos carmas e do *samsara*.

Dicionário

Zazen: é também conhecida como meditação *zen*, significa literalmente "sentar *zen*", é a base da prática *zen* de meditação. Zazen é a prática de meditação para aqueles adeptos do *zen* Budismo.

Zendo: sala para a prática de *zazen*. Nos mosteiros, essa sala é chamada de *sodo* (salão dos monásticos) e, além do *zazen*, é o lugar onde os noviços dormem e fazem as refeições formais – todas as atividades são consideradas como prática *zen*.

Zenji: literalmente *mestre zen*. Título honorífico usado atualmente na tradição *soto* apenas para os abades dos Mosteiros-Sede de Eiheiji e Sojiji. Nenhum outro professor ou abade pode usar esse título.

Outra dúvida que costuma surgir entre os iniciantes dessa prática é com relação ao tempo que se deve meditar. É muito comum que, nos templos, haja meditações para iniciantes (mais curtas) e meditações para quem já tem experiência maior (mais longas), mas essa atribuição é apenas convencional, para que as pessoas possam adaptar-se aos poucos à prática. Além da questão do tempo, o mais importante é que a meditação não pode trazer desconforto, ou seja, a pessoa tem de estar sem dor, deve estar livre, com roupas adequadas e com a intenção iluminada. Por isso, nunca devemos meditar logo após as refeições ou com a mente sob o efeito de quaisquer substâncias que atrapalhem a lucidez, como o álcool.

> **Importante!**
> **Condições para a meditação**
> - Usar roupas leves.
> - Comer de forma contida e moderada.
> - O corpo deve estar solto.
> - A posição deve ser sentada (exceto quando a prática for específica em outra condição, como o *rinhin*).
> - As pernas precisam ser cruzadas.
> - Se necessário, usar uma almofada para apoiar o tronco sentado.
> - Permanecer imóvel.
> - Respirar com tranquilidade.
> - Prestar atenção ao elemento que se está focando.
> - A língua deve estar relaxada e tocar os dentes superiores.
> - Os lábios devem apresentar uma pequena abertura.
> - A suavidade da postura e da respiração são metas.

Não há uma recomendação específica com relação ao lugar e não há impedimento de local algum para a prática da meditação, ou seja, pode-se meditar em meio ao barulho ou em locais silenciosos, na presença de pessoas ou sozinho, longamente ou brevemente. Dois são os requisitos para a meditação: (1) ter conhecimento sobre o caminho do meio, o nobre caminho óctuplo; (2) que a meditação seja um tempo de paz – se não houver paz, não é meditação. Vale ressaltar que devemos entender *paz* como a capacidade de acalmar a mente e de abrir espaços para o pensamento e a reflexão.

3.2 Posturas corretas para meditação

De maneira geral, os tipos básicos de posições para meditação são classificados em: lótus, *naif* lótus (meio lótus), *burmese*, *zafu* (almofada), *seiza* (banquinho) e *chair* (cadeira). Vejamos a Figura 3.1, a seguir.

Figura 3.1 – Posições básicas para meditação

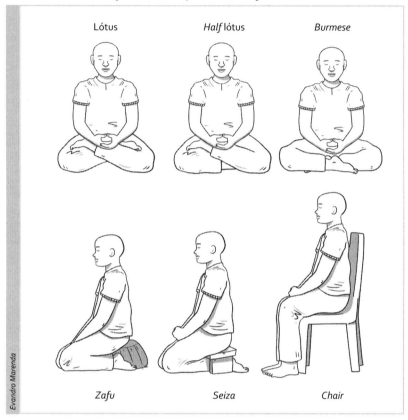

O *zafu* é um tipo de almofada usada para a melhor postura do corpo durante a meditação, sobretudo no *zazen*, cuja fabricação segue orientações tradicionais. Confira a Figura 3.2, a seguir.

FIGURA 3.2 – Modo correto de posicionamento do *zafu*

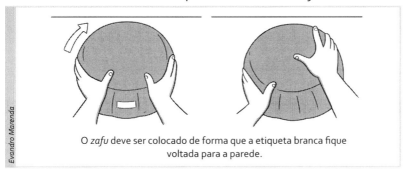

O *zafu* deve ser colocado de forma que a etiqueta branca fique voltada para a parede.

Algumas posturas devem ser observadas durante a utilização do *zafu*, a fim de que o corpo não sofra durante os longos períodos de meditação. Vale lembrar que um praticante budista experiente pode meditar por horas ou dias seguidos, então, a postura correta é imprescindível para não causar problemas ao corpo.

FIGURA 3.3 – Postura correta durante a utilização do *zafu*

Além disso, existem os modos corretos de posicionamentos de pernas e posturas de mãos, que podem ser observados na Figura 3.4, a seguir.

FIGURA 3.4 – Posturas corretas de pernas e mãos durante a meditação com o *zafu*

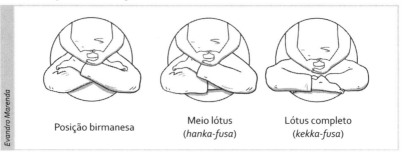

Posição birmanesa | Meio lótus (*hanka-fusa*) | Lótus completo (*kekka-fusa*)

O *zafu* não é a única maneira possível de meditar, já que nem todas as pessoas podem sentar-se dessa forma, seja por problemas de saúde, seja por outros motivos. Como solução intermediária, os mestres budistas indicam o uso de um banquinho ou do próprio *zafu* posto de lado.

Vale ressaltar que, qualquer que seja o caso, é muito importante observar qual é a melhor posição para cada um e qual é a forma mais confortável de se acomodar, pois o princípio da meditação é serenidade, nunca sofrimento. Portanto, o corpo não pode estar desconfortável.

FIGURA 3.5 – Posicionamento correto para a meditação em um banquinho ou com o *zafu* posicionado lateralmente

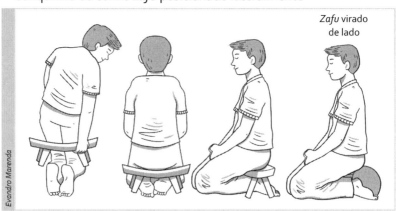

Zafu virado de lado

Caso a pessoa tenha algum comprometimento físico e não possa se sentar em um banquinho ou no *zafu*, há a possibilidade de que se sente em uma cadeira.

FIGURA 3.6 – Posturas ideais para meditar sentado em uma cadeira

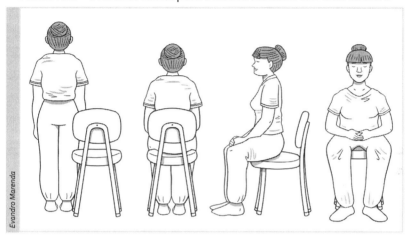

No caso do posicionamento em cadeira, é preciso observar que as mãos podem também estar repousadas sobre os joelhos, com as palmas viradas para baixo.

Preste atenção!

Para qualquer tipo de meditação, se a opção for manter os olhos abertos, o olhar deve estar concentrado à frente, em linha de 45°. Se a pessoa sentir sono durante o processo, deve olhar para frente, em linha reta.

Para efetivamente dar início à prática de meditação, é recomendado que o praticante incline o tronco para um lado e outro, com a finalidade de encaixar corretamente o corpo e evitar possíveis complicações pelo tempo e pela postura.

FIGURA 3.7 – Exemplo de inclinações do tronco para o início da prática de meditação

Outro fator importante é o posicionamento das mãos durante a meditação, pois elas são um foco de energia e de conexão com todos os seres. No Budismo, as mãos têm as marcas da compaixão e do reconhecimento por tudo, assim, são consideradas um canal de condução de energia entre o ser humano e o mundo.

FIGURA 3.8 – Posicionamento correto das mãos durante a meditação

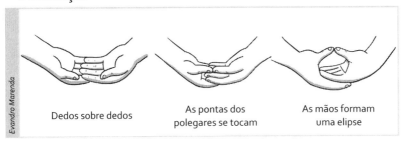

Dedos sobre dedos | As pontas dos polegares se tocam | As mãos formam uma elipse

Por fim, deve-se observar o *gasshô*, que se refere à forma de pedir permissão tanto para iniciar a meditação quanto para se levantar e finalizar essa prática formal. Vejamos, na Figura 3.9, o posicionamento correto.

FIGURA 3.9 – *Gasshô*

Gasshô visto de frente | Gasshô visto de lado | Reverência em Gasshô

No *zen* Budismo, o *gasshô* é levado muito a sério, pois as conexões durante o *zazen* são muito sutis e delicadas. A seguir, analisaremos outros aspectos relativos à meditação *zen*.

3.3 Meditação *zen*

Primeiramente, abordaremos o que significa, em essência, o *zen*, se possível ou o *zazen*. Já mencionamos nesta obra que, no Brasil, atualmente, a Monja Coen é um dos maiores nomes do *zen* Budismo. De acordo com a definição dada por ela,

> Zazen literalmente significa Sentar Zen. Zen é uma palavra que vem do Sânscrito Dhyana ou Jhana e significa um estado meditativo profundo. Geralmente não chamamos o Zazen de meditação, pois o verbo meditar é transitivo direto, ou seja, requer um objeto. Meditar sobre a vida, meditar algo. Enquanto que o Zen é intransitivo. Não há objeto de meditação. Até o sujeito desaparece. E quando isso acontece o Caminho se manifesta em sua plenitude.
>
> [...]
>
> Um momento de zazen é um momento de Buda.
>
> Entre tarefas, em momentos de stress no trabalho, nos estudos, entre amigos e desafetos, em casa, no trânsito, lembre-se apenas de endireitar a coluna e respirar conscientemente. Perceba suas emoções e batimentos cardíacos. Relaxe, sorria. Tudo é passageiro. Aprenda a estar presente no instante e a agir da maneira correta a transformar o que não for de seu agrado. Lembre-se: apenas reagir não transforma. Assim, use o Zazen para o seu bem e de todos os seres. Pois afinal, se se entregar ao Zazen de corpo e mente verificará que é o Zazen que faz zazen... Zazen zazen zazen.
>
> (Monja Coen Roshi, 2019)

Não há convite maior para a meditação do que a serenidade do centro Zen do Brasil. Na hora exata, todos entram em silêncio na sala, fazem uma reverência com as mãos em prece ao altar e escolhem um lugar para se sentar – normalmente nos *zafus*. Essa é uma cena comum em qualquer templo Zen Budista ou em uma sala de meditação budista. Pernas cruzadas, coluna ereta, queixo encaixado, o corpo não se inclina para nenhum dos lados, orelhas alinhadas com os ombros, o nariz e o umbigo. Esvaziam-se os pulmões, eliminando qualquer tensão, e as mãos são apoiadas a quatro dedos abaixo do umbigo. A mão direita fica embaixo, com a palma voltada para cima, as costas dos dedos da mão esquerda repousam sobre os dedos da mão direita, sem avançar sobre a palma, com os dois polegares levemente encostados. A ponta da língua mantém-se atrás dos dentes superiores da frente e os olhos ficam entreabertos, em um ângulo de 45° em direção ao chão.

> A diferença entre a meditação *zen* e as demais é que, nessa prática, medita-se olhando para a parede e não há mantras, preces, orientação, condução ou qualquer outra interferência que não seja a própria percepção do praticante.

Nos momentos de entrega total a *zazen*, é muito comum que as pessoas sintam ausência de qualquer dor ou que sintam um "suportamento" da dor. A prática de meditação tem exatamente esta intenção: fazer com que as pessoas levem lucidez para suas mentes. *Meditar* é abrir espaços na mente e fazê-la descansar, porque a mente descansada pode pensar, avaliar, ouvir, amar e sentir compaixão.

3.4 *Vipassana*: plena atenção aos detalhes

Esse tipo de meditação tem como objetivo encontrar *insight* na natureza da realidade, ou seja, é uma meditação analítica em que a mente se conecta diretamente com o próprio sujeito, a fim de mostrar a ele o ponto último.

Trata-se de um tipo de meditação que pode ser desenvolvido de várias maneiras, isto é, com vários objetivos diferentes: contemplação, introspecção, observação de sensações, observação analítica da mente, entre outros, sempre com o foco em ter o *insight* para práticas de paz e serenidade.

Contemporaneamente, a *vipassana* está em um período de grande crescimento, principalmente no Ocidente, onde a tradição budista está adquirindo cada vez mais força. Há mestres que afirmam que a cultura ocidental abraçou de vez o Budismo, mas sem deixar de lado suas próprias tradições culturais. Tanto que esse tipo de meditação é também marcado por outros subtipos ou por outras condições diferentes, como a chamada *shamata*.

Preste atenção!

Para o Budismo, a aquisição de características locais e culturais é benéfica e bem-vinda. A modernidade e a globalização também chegaram às religiões e, com isso, estas precisam dialogar com as culturas com as quais têm contato, pois só assim poderão ouvir seus praticantes e o que eles trazem – e esse é o melhor exemplo de seguir pelo caminho do meio. O Budismo não poderia ser engessado a um extremo ou a outro; esse é o ensinamento do próprio Buda.

Vale mencionar que a meditação é um processo de treinamento que auxilia na percepção da tendência da mente em reagir a tudo o que é externo. Com a prática, a mente começa a se purificar e se torna mais tranquila, portanto, embora a meditação enfatize a respiração, esta não é o foco principal: o mais importante é a mente, e a respiração é uma coadjuvante do processo.

Ressaltamos que os dois tipos de meditação aqui apresentados (*zazen* e *vipassana*) certamente podem ser aprofundados, mas essa não é, agora, nossa intenção. Nosso objetivo limita-se a mostrar que é por meio da meditação que os budistas são conduzidos ao caminho incondicionado da serenidade e da felicidade.

3.5 *Mettabhavana*: a meditação do amor universal

Especialmente no Brasil, a *mettabhavana* é uma meditação muito praticada. Difere-se de todas as outras meditações das tradições budistas mais comuns, pois apresenta a característica peculiar de incluir o nome de uma pessoa em quem o praticante queira pensar. Esse aspecto tem relação direta com a cultura brasileira de dedicar coisas boas às pessoas, de felicitá-las e de querer nominá-las em orações. Com isso, a meditação de amor universal ganhou muitos adeptos por aqui.

Basicamente, para praticar a *mettabhavana*, o meditante coloca o nome do ente querido (ou de qualquer pessoa que, no momento, lhe venha à mente) e segue concentrado, fazendo os versos preestabelecidos da meditação. Enquanto medita, cultiva na mente a imagem dessa pessoa e cria para esta, nos versos e nos pensamentos, condições favoráveis.

METTABHAVANA

1. Que ____ seja feliz.
2. Que ____ não sofra.
3. Que ____ encontre as verdadeiras causas da felicidade.
4. Que ____ supere as causas do sofrimento.
5. Que ____ supere toda ignorância, carma negativo e negatividades.
6. Que ____ tenha lucidez.
7. Que ____ tenha a capacidade de trazer benefício aos seres.
8. Que ____ encontre nisso a sua felicidade.

O traço simboliza o momento em que se deve pensar em alguém a ser beneficiado pela meditação. É uma forma de meditar que difere muito daquela visão de que o mediante está sentado sobre uma almofada, de olhos fechados, na posição de lótus, em silêncio, sem nada fazer, nada pensar, nada agir. Perceba que o foco dessa meditação é outro.

Diferentemente da *vipassana*, que tem como objetivo analisar e descobrir coisas acerca do que nos aflige, a *mettabhavana* deve ser feita com o objetivo de criar desejos auspiciosos, para que a pessoa a quem ela foi dedicada possa, de fato, experimentar as razões da verdadeira felicidade e superar o sofrimento e as condições que a mantêm no sofrimento.

3.6 Meditação de *shamata* com foco nos cinco *lungs*

Embora esteja bastante relacionada ao Budismo, a *shamata* é também praticada por outras tradições religiosas, inclusive o catolicismo. O praticante deve concentrar-se não em uma análise, mas em um foco, com o objetivo de fazer com que a mente se aquiete. Por esse motivo, também é bastante praticada por iniciantes.

Dicionário

Shamata: é um tipo de meditação usada para discernir os dois aspectos budistas entre concentração-tranquilidade e investigação. Busca-se conseguir que o sujeito possa, de fato, acalmar sua mente e, logo na sequência, ele mesmo deve analisar os reais motivos da infelicidade e do sofrimento. É um tipo de meditação que investiga a raiz do sofrimento do indivíduo.

Dito de outro modo, a *shamata* é uma meditação bem específica, feita com foco nos elementos água, fogo, ar, éter e terra. Tanto que, durante a prática, é comum que as pessoas sintam felicidade plena e percebam os efeitos da meditação de forma mais presencial, porque, ao se mover entre os elementos, muitas vezes, é possível senti-los. Por exemplo, é comum que os praticantes relatem que, ao sair do elemento água e passar para o elemento fogo, sentiram o corpo esquentar, aquecer, como se realmente houvesse fogo no local onde estão.

A sensação de desocupação da mente é também um dos pontos importantes da meditação *snamata*. Como sabemos, *meditar* é abrir espaços na mente, e, à medida que essas aberturas podem estar relacionadas a elementos da natureza, as sensações experimentadas pelos praticantes costumam ser únicas. Essa é umas das razões pelas quais as pessoas apreciam a *snamata*.

O Budismo considera que os seres são programados para reagir com respostas automáticas, ou seja, cedo ou tarde as pessoas acabam perdendo a lucidez e agem por impulso. Por meio da prática da meditação *snamata*, com foco nos cinco elementos, essa dinâmica estaria completamente comprometida, porque, com a meditação, os indivíduos podem voltar ao estado natural de paz e serenidade, há um corte do fluxo de impulsividade que não permite a ação desequilibrada. Vejamos os cinco *lungs*:

1. **Lung do elemento éter**: nesse elemento, você deve reconhecer a capacidade de sua mente se distrair. Não fique triste nem se cobre por isso, ao contrário, alegre-se por perceber que sua mente não tem a capacidade de foco e de concentração. Deseje e almeje chegar a esse ponto. Relaxe e sinta a energia do elemento que adentra seu corpo.
2. **Lung do elemento ar**: naturalmente, você deve inspirar e respirar para sentir que seu corpo se enche e se esvazia constantemente. Sinta que o elemento ar, ao entrar, faz a limpeza interna de seu corpo e, ao sair, leva com ele as impurezas e as condições de sofrimento. Perceba sua respiração e o movimento que é feito durante ela. Pausa e continuidade devem ser os objetivos de sua percepção.

3. **Lung do elemento fogo**: nesse momento, tente ativar a energia e o calor interno de seu corpo. Você pode perceber a energia curando cada célula. Tente imaginar que o fogo queima e consome tudo aquilo que te prende e não te faz bem. Sinta que o fogo é um elemento de cura e, dessa cura, pode sair seu novo nascimento.
4. **Lung do elemento água**: nesse elemento, tudo é fluido, tudo é líquido, tudo é maleável e móvel. Entenda que a água pode te ensinar a importância da fluidez e da não rigidez. O elemento água faz você mover-se pelo mundo e pelas coisas que pode transformar sem ter de carregar o peso delas eternamente. Solte a tensão de todo o seu corpo, sobretudo dos ombros, das pernas e do pescoço. Lembre-se que o elemento água pode ser o elemento da irrigação, da limpeza e da correnteza. Água é relaxamento: solte-se.
5. **Lung do elemento terra**: nesse elemento, seu corpo deve estar plantado no solo. É o elemento da solidez. A terra faz você erguer-se e ficar em constante vigília, dando força, encorajamento, convicção, fertilidade e equanimidade. Esse elemento é o que te faz ficar de pé e te conduz pelo novo nascimento e pela terra pura. A terra é o elemento da sustentação.

Ao iniciar a prática dessa meditação, o recomendado é que ela seja feita por 15 minutos, aproximadamente, para que o corpo se adapte. É também muito recomendado alongar as pernas e o restante do corpo de tempos em tempos, e vale lembrar que não é preciso forçar o processo por longos períodos. É necessário respeitar os limites do corpo.

3.7 Budismo e *yoga*

No decorrer desta obra, reiteramos que existem muitas correntes de Budismo no mundo e que, à medida que a tradição budista ganhou espaço, ela agregou, em cada país, traços das culturas locais. Isso faz com que o Budismo praticado no Brasil seja diferente daquele praticado no Butão, que é diferente do praticado no Japão, e assim por diante. Por esse motivo, nem toda tradição budista considera a *yoga* uma boa prática de meditação ou de busca de saúde para o corpo. Hoje, existem muitas práticas de *yoga* cujo único princípio é o culto ao corpo – práticas reprovadas no Budismo. Assim, há tradições budistas que praticam a *yoga*, há aquelas que não a praticam e, inclusive, há tradições que a proíbem.

Há uma grande discussão em torno do fato de que Buda teria praticado *yoga*, mas isso é motivo de discordância entre historiadores. Alguns estudiosos afirmam que Buda praticou *yoga* antes de se iluminar e que abandonou essa prática logo depois, por tê-la considerado fútil demais. Entretanto, há outros que defendem que *yoga* e Buda são inseparáveis.

> Tem sido uma crença largamente sustentada entre os budistas Theravada tradicionais que a prática de yoga e o Budismo não se misturam – ou não deveriam ser misturadas. A Yoga provém dos Vedas e da tradição Hindu, com sua crença central no atman ou supremo self, o que parece ser diametralmente oposto ao ensinamento do Buda sobre anatta ou o não-self. Além disso, existe o estigma do Buda ter praticado yoga como parte da automortificação, e depois tendo ao final rejeitado a automortificação como algo fútil. Também não ajuda o fato, no Ocidente, da yoga ser praticada principalmente como um sistema de exercícios para a saúde, a energia, ou o relaxamento, para não mencionar a boa aparência, como é visto nos inúmeros vídeos, nas coloridas revistas e na infinidade de declarações de celebridades. Em alguns centros de meditação vipassana existem regras contra os exercícios de yoga durante os retiros intensivos. Tais exercícios são considerados uma distração para o puro focamento interior,

ou uma fuga do lide com a dor física de uma longa meditação sentado, ou do lide com o tédio. Eu mesmo experienciei estas atitudes vindas de outros, durante meu treinamento inicial na Ásia, e também quando comecei a ensinar os retiros de vipassana nos quais incluí alguns exercícios e respirações yóguicas. Pode haver certa verdade na ideia de que algumas práticas de yoga podem não ser aplicáveis a algumas formas de meditação budista. Ainda assim, isso não significa que devamos "jogar a criança fora junto com a água do banho". O próprio Buda, em trechos de abertura de alguns suttas importantes em Pali, recomendava sentar com as pernas cruzadas (se presume que seja a postura de yoga do lótus completo), e manter a espinha ereta quando se inicia a meditação sentado. E algumas outras pequenas recomendações referentes às condições físicas específicas (além da boa saúde e meditação andando). Na escola Nyingma do Budismo Tibetano, um sistema de exercícios de conscientização física, chamado Kum Nye, tem sido desenvolvido e ensinado aos praticantes ocidentais. Muitos budistas chineses praticam T'ai Chi, Qi Gong e outras artes marciais. Mas, por outro lado, o exercício físico como um suporte para o desenvolvimento meditativo-espiritual tem sido largamente negligenciado por budistas, e algumas vezes olhado com desdém. Isto tem levado alguns meditantes budistas sinceros a se tornar "yogis reservados", que não querem ser vistos fazendo yoga. (Rahula, 2005)

É preciso considerar que a *yoga* é, de fato, muito praticada pelos budistas de maneira geral, porém não é unanimidade, tampouco uma prática que seja eminentemente budista. Assim como tantas outras práticas que, nas misturas culturais, vão se sobrepondo às práticas budistas, o fato é que, se a tradição cultural de uma localidade já tem a *yoga* como princípio e se aquela comunidade inicia uma caminhada budista, o Budismo e a *yoga* encontram-se em um todo indissociável.

Síntese

Neste capítulo, abordamos o conceito de meditação, definindo-a como uma ação mental poderosa por meio da qual desenvolvemos os ensinamentos de Buda e treinamos nossa mente para ver o mundo com olhos lúcidos, pacíficos e amorosos – um treinamento mental para a libertação dos carmas e do *samsara*.

Em seguida, evidenciamos as possíveis posturas para a prática meditativa, com exemplos de posições lótus, *naif* lótus (meio lótus), *burmese*, *zafu* (almofada), *seiza* (banquinho) e *chair* (cadeira), bem como destacando o correto posicionamento das mãos e o *gasshô*.

Também tratamos de alguns tipos de meditação, como a meditação *zen*, também chamada *zazen*, a *vipassana*, a *mettabhavana* e a *snamata*. Por fim, explicitamos a controversa relação entre *yoga* e Budismo.

Indicação cultural

TINOCO, C. A. **História das filosofias da Índia**. Curitiba: Appris, 2017. v. 2.

Nessa obra, Tinoco faz uma abordagem sobre a palavra *filosofia* e a diferença de sentido que ela ganha no Oriente e no Ocidente. O autor analisa como, na cultura indiana, em que está muito além de ser uma busca da verdade, a filosofia está ligada à religião. Para Tinoco, a busca da verdade não deve ter um viés apenas racional, mas deve ser pautada por um equilíbrio entre razão e intuição.

Luz, câmera, reflexão

ZEN – A vida do mestre Dogen. Direção: Banmei Takahashi. Japão: Kadokawa Pictures, 2009. 127 min.

A obra perpassa vários dos principais momentos da vida do mestre Zen Dogen, que foi fundador da tradição *soto zen* do Budismo japonês, viveu de 1200 a 1253 e fundou o Mosteiro-Sede de Eiheiji, em Fukui, no Japão. Entre seus escritos mais conhecidos, há o *Snobogenzo* (Correto Darma Olho Armazenador).

ATIVIDADES DE AUTOAVALIAÇÃO

1. Sobre meditação, analise as afirmativas a seguir e indique V para as verdadeiras e F para as falsas.

   [ ] As práticas de meditação não precisam ser todas com posicionamentos iguais. Há, inclusive, meditações que as pessoas fazem andando e de olhos abertos.

   [ ] Meditação é uma ação mental poderosa por meio da qual podemos desenvolver e colocar em prática os ensinamentos sobre as quatro nobres verdades e o nobre caminho óctuplo.

   [ ] Embora o Budismo tenha muitas correntes, as práticas de meditação são todas voltadas para um único centro e, por isso, não existem diferenças entre elas. As meditações budistas, de maneira geral, são iguais e sem variação de execução.

   [ ] A meditação não pode trazer desconforto, ou seja, a pessoa tem de estar sem dor, deve estar livre, com roupas adequadas e com a intenção iluminada.

   Agora, assinale a alternativa que corresponde à sequência correta:

   A] V, V, V, V.
   B] F, F, V, V.
   C] V, V, F, V.
   D] V, F, F, F.
   E] F, F, F, F.

2. Sobre as posturas corretas para meditação, analise as afirmativas a seguir.

   I. Ainda que o corpo doa durante o período de meditação, o *zafu* é um objeto que deve ser sempre usado.

   II. Os tipos básicos de posições para meditação são: lótus, *naif* lótus (meio lótus), *burmese, zafu* (almofada), *seiza* (banquinho) e *chair* (cadeira).

III. Um praticante budista experiente pode meditar por horas ou dias seguidos, então, a postura correta é imprescindível para não causar problemas ao corpo.
IV. Durante a prática, é muito importante observar qual é a melhor posição para cada pessoa e como ficar mais confortável, pois o princípio da meditação é serenidade, nunca sofrimento.
V. Para dar início à prática de meditação, é recomendado que o praticante incline o tronco para um lado e outro, pois esse movimento representa a saudação inicial e o pedido de licença para meditar.

Agora, assinale a alternativa que apresenta apenas itens verdadeiros:

A] I, II, III, IV e V.
B] II, III e IV.
C] II, IV e V.
D] II e III.
E] I e II.

3. Sobre a *yoga* e sua relação com o Budismo, assinale a alternativa correta:
   A] As tradições budistas estão essencialmente ligadas à *yoga*, uma vez que o próprio Buda foi um praticante dessa atividade.
   B] Hoje, existem muitas práticas de *yoga* cujo único princípio é o culto ao corpo, e essa é uma premissa aprovada pelo Budismo, no princípio de *corpo são em mente sã*.
   C] Há tradições budistas que praticam a *yoga* e há tradições que não a praticam, mas nehuma a proíbe.
   D] Embora a *yoga* não seja uma prática necessariamente budista, se a tradição cultural de uma localidade já tem a *yoga* como princípio e se aquela comunidade inicia uma caminhada

budista, o Budismo e a *yoga* encontram-se em um todo indissociável.

E] A *yoga* não é uma prática budista e, se a tradição cultural de uma localidade tem a *yoga* como princípio, precisa abster-se do Budismo ou, se realmente quiser iniciar uma caminhada budista, deve abster-se da *yoga*.

4. Sobre a *snamata*, analise as afirmativas a seguir e indique V para as verdadeiras e F para as falsas.

[ ] Durante a prática da *snamata*, é comum que as pessoas sintam felicidade plena e percebam os efeitos meditação de forma mais presencial, porque, ao se moverem entre elementos, muitas vezes, é possível senti-los.

[ ] Os *tungs* que compõem a *snamata* são éter, ar, fogo, água e terra, e para cada um deles há uma condução mental adequada.

[ ] O elemento água pode ensinar a importância da fluidez, o elemento fogo é de cura, o elemento éter faz a limpeza do corpo, o elemento ar permite reconhecer nossa capacidade de distração e o elemento terra é de solidez.

[ ] A *snamata* é também praticada por outras tradições religiosas, inclusive o catolicismo, pois o praticante deve concentrar-se não em uma análise, mas em um foco, com o objetivo acalmar a mente.

Agora, assinale a alternativa que corresponde à sequência correta:

A] V, V, F, V.
B] F, V, V, V.
C] V, F, F, V.
D] V, V, V, V.
E] F, F, V, V.

5. Assinale a alternativa **incorreta**:
   A] A prática de meditação tem a intenção de fazer com que as pessoas possam trazer lucidez para suas mentes.
   B] Durante a meditação *zazen*, é muito comum que as pessoas sintam ausência de qualquer dor ou que sintam um "suportamento" da dor.
   C] A meditação é um processo de treinamento que auxilia na percepção da tendência da mente em reagir a tudo o que é externo. Com a prática, a mente começa a se purificar e se torna mais tranquila.
   D] Meditar é abrir espaços na mente e fazê-la descansar, porque a mente descansada pode pensar, avaliar, ouvir, amar e sentir compaixão.
   E] Para uma meditação correta, a rigidez da postura e da respiração são metas.

Atividades de aprendizagem

Questões para reflexão

1. Considerando as meditações *zazen*, *vipassana*, *mettabhavana* e *shamata*, qual delas você julga mais interessante para seu momento de vida atual e por quê?
2. O que é *meditação*?

Atividade aplicada: prática

1. Pratique a *mettabhavana* por uma semana, por pelo menos 10 minutos ao dia, e anote, em um diário, quais foram suas percepções, quais pessoas lhe vieram à mente e quais foram suas sensações física e mental acerca da meditação ao final de cada dia.

CONSIDERAÇÕES FINAIS

O que é o Budismo? Mesmo para aqueles que já iniciaram os estudos sobre a tradição budista, existem questões que geram dúvidas, mas essa é, especialmente, uma pergunta que costuma estar na mente de quase todos aqueles que ainda não tiveram contato com essa tradição nem a oportunidade de estudar seus ensinamentos. É comum que a definição de Budismo esteja sempre cercada de estereótipos e raramente relacionada ao cotidiano.

Nesta obra, esclarecemos algumas questões iniciais e centrais para quem deseja começar a estudar essa tradição, mas que também são pertinentes e podem ser reveladoras para aqueles que desejam aprofundar os estudos já iniciados.

Iniciamos com a análise da palavra *Buda*, destacando que ela não se corresponde apenas a uma pessoa específica nem a um nome, mas sim a um título, uma função, da pessoa que atingiu a iluminação. É claro que, já nesse assunto, não poderíamos deixar de abordar a vida de Sidarta Gautama, o Buda da luz infinita, e os caminhos que ele percorreu até atingir a iluminação.

Também tratamos de alguns dos ensinamentos essenciais de Buda para quem deseja entender o que é o Budismo, como as quatro nobres verdades, o nobre caminho óctuplo (ou caminho do meio), a compaixão por todos os seres, a interdependência de todas as coisas, os cinco agregados, o carma, o renascimento, os 12 elos da originação interdependente, o Nirvana, a Sanga e as principais escolas de Budismo.

Para finalizar, analisamos o que é meditação, quais as posturas para a prática meditativa e algumas meditações que consideramos pertinentes citar aqui (zen, também chamada zazen, vipassana, mettabhavana e shamata).

Esperamos que, após a leitura desta obra, você tenha percebido que o Budismo é uma tradição religiosa cujos valores principais são a compaixão e a lucidez, e que toda a busca dos praticantes budistas está voltada à prática diária de lucidez. O objetivo é entender as causas do sofrimento e encontrar uma razão para a verdadeira felicidade – uma felicidade duradora. Para isso, quem se dedica a estudar e praticar o Budismo deve entender que toda prática contrária – isto é, de sofrimento – é uma escolha própria. Só sofre quem escolhe sofrer.

É claro que, para quem não é budista, isso parece bastante complexo, mas a prática diária dos ensinamentos vindos do Darma revela que o ser humano é falho e acaba se apegando a coisas muito simples, que quer manter o apego a qualquer custo, e é aí que está o início do av_ydia, o sofrimento samsárico.

À medida que praticamos a meditação, a lucidez e a sabedoria dissipam a sujeira e a fumaça em que a mente está concentrada. Depois dessa disseminação, a verdadeira razão de felicidade fica visível, levando o praticante ao Nirvana, à liberação total de todos os sofrimentos cármicos.

O eixo central desta obra foi explicar que o Budismo é uma tradição religiosa cujo princípio é praticar. Muitos mestres enfatizam o praticar diário em detrimento de grandes compreensões cognitivas. Portanto, a prática de meditação embasada nas quatro nobres verdades e no nobre caminho óctuplo é o começo, o meio e o fim do percurso de qualquer praticante budista.

REFERÊNCIAS

BARBEIRO, H. **Buda**: o mito e a realidade. São Paulo: Madras, 2005.

BHAVANA SOCIETY'S DHAMMA STUDY GUIDE. **A terceira nobre verdade**. Disponível em: <http://casadedharmaorg.org/wp-content/uploads/2012/07/Bhavan_Guide_L13.pdf>. Acesso em: 18 abr. 2019.

BODHI, B. **O nobre caminho óctuplo**: o caminho para o fim do sofrimento. 2015. Disponível em: <https://nalanda.org.br/wp-content/uploads/NC8_CS_amostra.pdf>. Acesso em: 18 abr. 2019.

BODHI, B. **O nobre caminho óctuplo**: o caminho para o fim do sofrimento. Belo Horizonte: Edições Nalanda, 2015.

CEBB – Centro de Estudos Budistas Bodisatva. **Psicologia budista**: doze elos. Disponível em: <http://www.cebb.org.br/doze-elos-poa/>. Acesso em: 18 abr. 2019a.

CEBB – Centro de Estudos Budistas Bodisatva. **Grupo de estudo**: Os doze elos da originação dependente. Disponível em: <http://www.cebb.org.br/estudos-originacao-dependente-florip/>. Acesso em: 18 abr. 2019b.

DHAMMACAKKAPAVATTANA SUTTA. **Colocando a roda do Dhamma em movimento**. 19 jan. 2008. Disponível em: <http://www.acessoaoinsight.net/sutta/SNLVI.11.php>. Acesso em: 18 abr. 2019.

GYATSO, G. K. **Budismo moderno**: o caminho de compaixão e sabedoria. 3. ed. São Paulo: Tharpa, 2016.

GYATSO, T. **O despertar da visão da sabedoria**. Brasília: Teosófica, 1999a.

GYATSO, T. **Uma ética para o novo milênio**. São Paulo: Sextante, 1999b.

HANH, T. N. **Caminhos para a paz interior**. Petrópolis: Vozes, 2005.

HANH, T. N. **A essência dos ensinamentos de Buda**. Rio de Janeiro: Rocco, 1998.

LAMA PADMA SAMTEN. **A roda da vida como caminho para a lucidez.** São Paulo: Peirópolis, 2010.

MAGGACITTA. **Grandes discípulos de Buda**: Ananda. 25 ago. 2016. Disponível em: <https://nalanda.org.br/contos/grandes-discipulos-do-buddha-ananda>. Acesso em: 18 abr. 2019.

MEGACURIOSIDADES. **A vida do Buda, Sidarta Gautama.** 7 nov. 2017. Disponível em: <https://megacuriosidades.net/buda-sidarta-gautama/>. Acesso em: 18 abr. 2019.

METTANANDO. **Como Buddha morreu.** 9 nov. 2012. Disponível em: <https://nalanda.org.br/vida-do-buddha/como-o-buddha-morreu>. Acesso em: 18 abr. 2019.

MIRCEA, E. **Tratado de história das religiões.** São Paulo: Martins Fontes, 2016.

MONJA COEN ROSHI. **Zazen.** Disponível em: <https://www.monjacoen.com.br/textos/textos-da-monja-coen/131-zazen>. Acesso em: 18 abr. 2019.

OSHO. **Aprendendo a silenciar a mente.** Rio de Janeiro: Sextante, 2002.

PAULA, C. de. O príncipe hindu Sidarta Gautama, o iluminado. **Superinteressante**, 8 nov. 2016. Disponível em: <https://super.abril.com.br/historia/o-principe-hindu-sidarta-gautama-o-iluminado/>. Acesso em: 18 abr. 2019.

RAHULA, B. Y. É possível misturar yoga e meditação budista? **The Bhavana Magazine**, v. 6, n. 1, 2005. Disponível em: <http://casadedharmaorg.org/wp-content/uploads/2012/07/%C3%89-poss%C3%ADvel-misturar-Yoga-e-Medita%C3%A7%C3%A3o.pdf>. Acesso em: 18 abr. 2019.

RAHULA, W. Os cinco agregados. **Centro de estudos budistas Nalanda**, 26 mar. 2012. Disponível em: <https://nalanda.org.br/doutrina/os-cinco-agregados>. Acesso em: 18 abr. 2019.

SIGNIFICADOS. **Significado de Nirvana.** Disponível em: <https://www.significados.com.br/nirvana/>. Acesso em: 18 abr. 2019.

SILVA, G. da; HOMENKO, R. **Budismo**: psicologia do autoconhecimento. São Paulo: Pensamento, 2001.

SUMEDHO, A. **As quatro nobres verdades.** Tradução de Kāñcano Bhikklu. 2007. Disponível em: <https://sumedharama.pt/As%20Quatro%20 Nobres%20Verdades.pdf>. Acesso em: 18 abr. 2019.

SUTRA do coração da grande sabedoria completa. **O zen Budismo.** Disponível em: <http://www.viazen.org.br/si/site/0106/p/Sutra%20do%20Cora%C3%A7%C3%A3o%20da%20Grande%20Sabedoria%20Completa>. Acesso em: 18 abr. 2019.

TINOCO, C. A. **História das filosofias da Índia.** Curitiba: Appris, 2017. v. 2.

VELASCO, F. D. de. **Hombres, ritos, dioses** – Introduccíon a la Historia de las religiones. Madrid: Trotta, 1995. (Paradigmas).

WANGCHUCK, J. Budismo: o caminho da introspecção. **Sobre Budismo**, 10 dez. 2013. Disponível em: <https://sobrebudismo.com.br/budismo-o-caminho/>. Acesso em: 18 abr. 2019.

WILKINSON, P. **O livro ilustrado das religiões.** São Paulo: Publifolha, 2001.

YUN, H. **O caminho para a iluminação**: budismo humanista para o dia a dia. Rio de Janeiro: Sol Nascente, 2018.

BIBLIOGRAFIA COMENTADA

BURGOS, E. **O Buda nos jardins de Jetavana**. Porto Alegre: Bodigaya, 1996.
Foi nos jardins de Jetavana, antiga cidade de Sravasti, Índia, que Buda passou anos transmitindo e explicando muitos de seus ensinamentos às multidões que o visitavam. Nessa obra, Enio Burgos faz uma seleção de alguns dos mais importantes ensinamentos de Buda sobre temas como ética, paciência, energia, meditação, sabedoria e generosidade. São narrativas por meio das quais, de modo sutil e espiritualizado, Buda nos legou histórias com ensinamentos e significados profundos.

GYATSO, G. K. **Budismo moderno**: o caminho de compaixão e sabedoria. 3. ed. São Paulo: Tharpa, 2016.
Geshe Kelsang Gyatso é mestre de meditação e um budista de renome internacional. Na obra intitulada *Budismo moderno: o caminho de compaixão e sabedoria*, ele faz uma abordagem acerca das capacidades de desenvolvimento da mente para a melhoria da natureza humana. O autor preocupa-se em explicar o que é Budismo e faz uma explanação sobre a fé budista, para depois entrar em tópicos específicos sobre a mente humana. Ao longo da obra, são abordados temas como meditação, morte, a preciosidade da vida humana, carma, doenças, envelhecimento, o sofrimento humano, entre outros. Além disso, o livro conta com um índice remissivo, que permite ao leitor fazer busca de termos específicos sobre os quais queira estudar.

RESPOSTAS

Capítulo 1
1. b
2. d
3. e
4. a
5. e

Capítulo 2
1. c
2. d
3. e
4. a
5. d

Capítulo 3
1. c
2. b
3. d
4. a
5. e

SOBRE O AUTOR

Geraldo Peçanha de Almeida é doutor em Crítica Literária pela Universidade Federal de Santa Catarina (UFSC); mestre em Teoria Literária pela Universidade Federal do Paraná (UFPR); graduado em Psicanálise pela Sociedade Internacional de Psicanálise de São Paulo e em Pedagogia pela Universidade Estadual Paulista (Unesp). Fez estudos de aperfeiçoamento em Educação Especial em Cuba e tem 25 anos de experiência em educação de crianças e jovens em todos os estados do Brasil.

É autor de mais de 70 livros (infantis, para educadores, para pais de alunos e sobre Budismo), tem trabalhos internacionais publicados em países como Alemanha, Itália, Áustria, Bolívia e Japão. Foi responsável por implantar um programa de leitura e escrita em Moçambique, na África. Mais recentemente, fundou o Projeto Pólen, em Curitiba, do qual atualmente é presidente. É budista preceitado na tradição japonesa *Soto Zen*, na qual seu nome é Genshin San.

Impressão:
Maio/2019